回到1971
香港小學生日記

盧子英 著

天地圖書

目　錄

序

袁建滔

能想像五十年前，香港有一位小學生已經在寫 Blog 了！

前互聯網年代當然沒有網誌這概念，盧子英創作的算是「一個人的雜誌」吧。特別在他本人是超級動漫、電影迷，又能寫能畫，誌內每一個字、每一張插圖，都是生活，也是歷史。

今時今日的手機世代，絕大部份人都是用照片和短片來記錄生活。比起文字或圖畫，影像來得直接也真實，但卻難以記下我們的感情與思想。聽來老土，但一些隱密的事情、一些只有自己才能體會的人生百味，要記下來，便只有文字一途。像書信往來、寄一張聖誕卡給海外親友，都是前互聯網年代人與人之間的交往方法。對比起今天數碼時代，還有蓄勢待發的 A.I.，世界不經不覺間已發生了巨大的變革。

懷舊是好，新時代也有其獨特的優勢，像社交媒體每天自動彈出來的「回顧」，看罷往往難以置信自己曾寫下這樣那樣。匯理照片的軟體久不久便迫你看老照片，令人不禁慨嘆時光飛逝。人只要一天沒死，每天都會留下多多少少的生命足跡，大家不妨好好記下，讓它靜靜躺在家中的抽屜裏也好、海外的伺服器也好，日子夠了，再出土的時候，點點滴滴說不定會變成小寶藏呢。

自序

盧子英

自小愛幻想，尤其是出生和成長於香港社會一切都在急速變化的六十年代，我幻想成為漫畫家、小説家甚至是電影導演。這些幻想結果都在我的日記中逐步得到實現，而我當時只是一個小學五年班的學生。

如果沒有一班忠實讀者——我的同學，我的日記可能未會維持那麼長時間，內容也不會越來越豐富；更意想不到的是，五十多年後，這些日記竟然可以出版並印製成書，面對另一個世代的讀者們。

我慶幸一直都留起這份小學生日記，從沒想過要丟掉，家人亦抱着同一態度，彷彿一早已知道這份日記終有一天會被公諸於世，成為了觸及更多人的歷史。

人的記憶其實很有限，我這輩子見過好多人，遇過好多事情，如果沒有用文字記錄下來，一切便成為了浮光掠影，唯有日記可以完整的將往事重現。慶幸 11 歲的我當年決心踏出了重要的第一步，這同時也是我所有創作的一個起點。

本書的編輯看似簡單，其實十分複雜，因為舊文新文加上大量圖片。能夠順利完成，在此感謝天地圖書高效率的出版團隊，尤其是副總編輯林苑鶯；我們上一次合作已經是 32 年前的《香港電影海報選錄》，真要慨嘆時光飛逝。也要特別多謝老拍檔黃夏柏，他為我撰寫了大部份新增的文字，同時也兼任時代考證及資料搜集，讓這本書的內容更加充實。當然亦要感謝另一位老友袁建滔賜序文，寫得很有意思！

最後希望你能夠從這本書中拾回一點點記憶，這是我最基本的期望。

希望透過我的日記，讓你感受到一些已經過去了的香港情懷，再次重溫一下那青葱歲月。

謹以此書獻給我在天國的父母，現身處加拿大的妹妹冰心，還有一班現在仍常有聯絡的小學同學，沒有你們，我的童年生活沒有那麼豐盛和幸福！

引子

關於小學生日記

這本日記是我有生以來的第一次文字及圖像創作，契機一半來自學校的課業要求，而另一半則來自我的強烈創作慾！

其實學校只要求每一個學生每天寫一篇日記，除了為生活作個記錄，最重要還是希望我們有一個定期的寫作鍛煉，但我並不滿足於此，尤其是從同學處購得那本於當時而言相當精美的冊子，我當下就決定要以圖文並茂的方式去寫我的日記。

我的小學生日記由 1971 年 6 月 16 日開始，一直寫到 1972 年 5 月 14 日，橫跨小學五年班及六年班，其中有「脫期」的日子，也有當時送贈給朋友以致遺失了的，現存日記其實只有一百篇多一點，基本上這裏已經全部收錄了。

除了日記的內文，我還繪製了 19 篇漫畫，有黑白也有彩色，其中有些未能完成，另外還有多個專欄，載有小說、小知識及手工等等，老實說，內容算得上十分豐富！

日記本來是很個人的記錄，但我把日記以雜誌形式在同學間發表，相當受歡迎。現在回看，這些日記絕對是一代人的集體回憶，尤其是有關當時流行文化的側寫，對於在七十年代成長、特別是曾經居於大埔的朋友，相信都會感到熟悉並且產生共鳴。

現在就與我一起走進時光隧道，回到 1971 年的香港吧！

| 1971 年 6 月 16 日 星期三 |

一天日記	16-6-71 星期三 (開放日)	今天回到學校 消息、他說只選 一下便選中我了 了小息、爸爸和 在家中玩雪、到 吃飯、看聲宝 半、看歡樂今宵、	盧先生進來告訴 15人參加、我很 可是要我做好 弟弟來參觀、開 了下午、媽媽回 之夜和萬能神 直到深夜才睡	我們旅行的 擔心、可是她 功課才去、到 放日、放學了 家、我們一同 探、到了九時 覺。

A Q

每日例話	16-6-71 星期三 E	Q太郎① 合仔節		

Q 太郎 (之一)
洋娃娃節

③ 你不知了因為後天便是公仔節！

① 啊，又收集了五個。

④ 中秋節我倒聽過、可是未聽過公仔節？

② 正太要這些公仔來做甚麼用？

補記	16-6-71 星期三	七份圓形砌圖，功課錄	七份圓形砌圖	交齊 不交齊 功課

1 2 3 4 5 6 7

小學開放日

【校園裏外】

我就讀大埔官立小學，每年的開放日，對我是一件大事，老師都着我幫手畫畫粉飾課室，家長也會來參觀。我只有一個妹妹，日記提到的「弟弟」，其實是母親一個好姊妹的兒子，由於夫婦倆均在九龍上班，把兒子交託我母親照顧。「弟弟」與我母親以契仔契媽相稱，和我亦情同手足。

我的小學坐落於運頭角里 22 號，須徒步走一段斜路至半山。那是一幢英式建築，相當雅致，現仍保留下來，曾用作國民教育中心。校外一棵參天木棉樹，據說有逾百年歷史，樹幹看來要三人聯手才能環抱，可惜於 2009 年疑染病遭移除。學校在 1999 年搬到太和道現址。

母親（右）和姑姐合照，背景正是大埔官立小學，時為 1963 年。

大埔官立小學運動場旁邊的巨大木棉樹

那時候，學校只設三至六年級，師生關係良好，學生成績優異，屬區內的名校，要入讀也非易事。學校安排了不少課外活動，所以我的校園生活很充實愉快。這天記下的旅行活動，設有名額，我們全班 40 人，只有 15 人可參加，誰人獲選由班主任決定。我當然想參加，自己的成績雖好，但操行較差，擔心會落空，猶幸被選上了。

【課餘樂事】

我讀上午班。早上開放日活動過後便回家。當時我家已有一台黑白電視機，能接收香港電視廣播有限公司（下稱「無綫電視」）的節目，因該台採用無線廣播制式，而另一電視台麗的映聲仍屬有線廣播，大埔區根本接收不到。「睇電視」是我每天的重點「工作」，樂趣無窮。

週一至五晚上九時半至十一時十五分播出的《歡樂今宵》，是萬眾期待的綜藝節目。這夜八時還有《聲寶之夜》，乃早年開放給觀眾

我和妹妹合照於大埔官立小學正門前的小廣場，也就是 1963 年，我三歲，妹妹剛一歲。

當年《香港電視》雜誌內頁
介紹劇集《萬能神探》

1971 年的日本漫畫月刊《別冊少年 Sunday》　　雜誌連載《Q 太郎》漫畫

參加的歌唱比試節目，以亮燈展示得分成為經典，著名歌星葉麗儀
便以最高的「四盞燈」而進軍歌壇，節目深受歡迎。當時電視台自
製的戲劇節目有限，晚間黃金時段主要播映粵語配音外國片集，這
晚八時半有美劇《萬能神探》（*Mannix*, 1967-75）。晚上的電視
節目我全都看了，電視汁都撈埋！

【漫畫創作】

繪畫了日本原創、我超級喜愛的漫畫人物「Q 太郎」。這漫畫的線
條、表現手法簡潔，內容有趣，不會千篇一律，特別是 Q 太郎和
一班朋友的性格設定別出心裁，各有特色。由於鍾愛，日記一開首
便選擇繪畫 Q 太郎，故事卻是我自己創作的。

末尾的「砌圖」部份，源於當時《歡樂今宵》有一個甚受歡迎的砌
圖遊戲環節，電視機旁觀眾看現場參加者爭分奪秒的拼砌，都很
「肉緊」。即使街外也有塑膠砌圖發售，可見電視的滲透力。

| 1971 年 6 月 17 日 星期四 |

| 第二天
日記 | 17-6-71
星期四 | （七号風波） | 今天回到學校，盧先生再選昨天賸下的五人，很高興，因為莫美儀、何萬勝、朱昌仁、蔡達和亞秀芳等都有得參加，到了小息後的第一堂完了，張先生告訴我們說七号風波已經掛起，叫我們快些回家，途中一路下着大雨，我們回到家裏，沒有事做，便和爸爸媽媽們一同打麻將，打了四圍我一共勝了一元二毫，到了下午，我們吃了飯，到了八時看電視和劇場和聯邦密探隊，我九時便睡覺，所以沒有看歡樂今宵，到了半夜三時，我被媽媽吵醒了，原來沒有電那是因為打風的原故，我一夜也沒有睡覺。 |

| 每日例話 | 17-6-71
星期四 | （颱風的產生）⑧ | 颱風的產生

在熱帶地方的海面上，海水被太陽晒得太熱了，海面上的空氣一天天熱起來，造成一個又熱又濕的大氣團，因為熱的空氣比較輕，便向上升，這時，周圍的冷空氣就流向氣團的下面，來補充它的空間，冷和熱的空氣，像旋渦一樣轉動着，颱風就是這樣發生的。

侵襲臺灣的風風路線 |

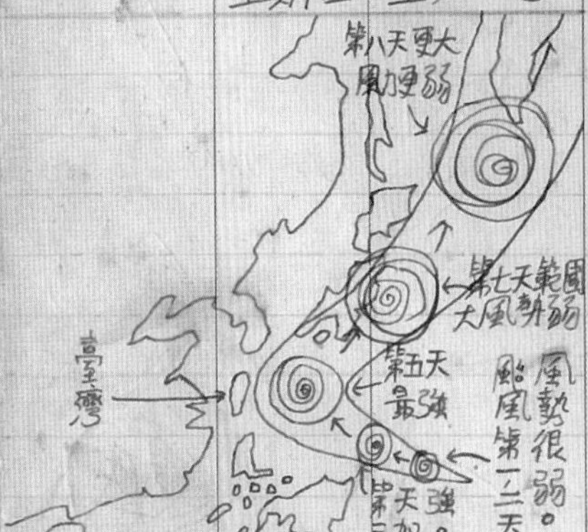

（圖中文字：第八天更大風更弱、第七天範圍大風勢弱、第五天最強、風勢很弱颱風第一二天、第四天強、第三加、臺灣）

| 什記 | 17-6-71
星期四 | 超人利害
武器介紹 | 殊光
光圈 | 水流
電眼 | 交齊功課 |

掛七號風球

【校園裏外】

前文說的有限額的旅行活動，入選名單分兩天公佈，昨天十位，今天五位。我相熟的同學仔都入選，能夠一起旅行，格外開心。

這天颱風來襲，放小息時獲知掛起七號風球。這位襲港「風姐」名「法妮黛」，天文台於早上十時掛七號波。當年的風球信號編排與今有別，就 1971 年而言，分為：一、三、五、六、七、八、九、十。當中七號、八號皆表示：「預料將有平均風力達時速三十四至六十三海里的烈風吹襲」；七號表示風由東北方吹來，八號則表示由東南方吹來。颱風高掛，毋須留校上課，但由位於半山的小學走回大埔新墟的家，也挺

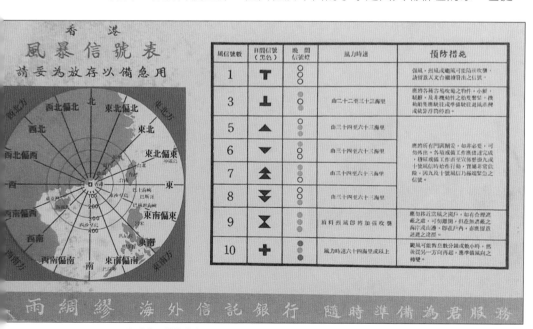

1971 年香港風暴信號表

艱辛。記憶中，童年時颱風襲港的密度較現在多，風力亦較強。因風暴，任職酒樓的父親也休假。父母和我、妹妹，一家四口，所謂「夠晒腳」，正好「打麻雀」。

【課餘樂事】

「打麻雀」是我們家在風暴期間的最佳娛樂活動，絕對「衛生」，但「趣趣地」，賭本也是真金白銀。這天我贏得一元二角，在當年已很豐厚，故特別記錄下來。

入夜後，又是欣賞電視的時間。逢週四夜八時播出的「電視劇場」，是無綫電視自行製作的半小時劇集，這天播出《佳期近》第三集。早年劇集有賴話劇界支持，這部「諧趣喜劇」由香港話劇社的演員梁天、梁舜燕、鮑漢琳等合演，鍾景輝編導。八時半則播映美劇《聯邦密探隊》（ *The F.B.I.*, 1965-74 ），兩個片集我都沒有錯過，反而放棄了《歡樂今宵》，也許日間活動太多，累得提早睡覺。

《超人》是我最熱愛的日本科幻電視片集，
不同怪獸都很有個性。

《超人》武器其中之一「殊光」

睡至半夜，竟被周遭的擾攘聲吵醒，原來停電。每當颳颱風，全區停電絕不稀奇，居民都習以為常。我們小孩子也斗膽跑到街外見識全街黑漆漆，周遭街坊都亮起電筒向四周照探，我們覺得相當好玩，可説是大埔區「一景」。颳颱風，小孩自然覺得有趣，值得在日記多做記錄，我還找來資料解釋颱風的形成。

記得伊斯堅隊長嗎？

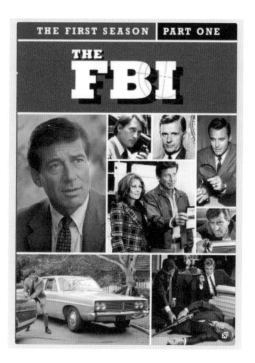

《聯邦密探隊》片集

03

第三天日記	18-6-71 星期五	(颱風離去) 今天因為打風、線電視便有得睇、看完了便打把勝了的錢買、今天我吃了三餐、雙星報喜合了九時半我父知道下、我便便收看	所以不用上課、看有粵語長片和麻將、我又勝一了這本都、到了下碗飯、到了晚上、家歡等片都是十分好看的、颱風已離去、歡樂今宵。	早上九時半、無一劍走天涯一元六角、我便午便吃飯、便看闔府統三号風球已陰
每日例話	18-6-71 星期五	Q太郎 ② 仓仔節 (前文在28頁)	⑨ 寄給你事、實登明。 ⑩ 吧！ 繞巴來 ⑪ 飛得好	⑫ 這幾天沒有事做真悶！ ⑬ 咦！ 甚麼東西 ⑭ 厚來是Q仔叫我去他家完好、我去吧！	⑮ 轟 ⑯ 吟超级火箭。 已在東京安來 ⑰
什記	18-6-71 星期五	日本妖精 and 美国妖精		日本精精 Q太郎	美国精精 德巴

開始正式寫日記

【校園裏外】

颱風持續移動，風向轉變了。這天凌晨二時，天文台改掛八號風球，意指烈風轉由東南方吹來。是次法妮黛正面吹襲香港，風雨交加，直至這天清晨六時轉掛六號風球，下午四時才取消所有暴風訊號。教育司署早上宣佈全港學校停課一天。

【課餘樂事】

當時電視台每天的播放時間較今天短，平日於中午開台。這天颳颱風，因徹夜播放風暴消息，故早上也加插了特備節目，有機會收看重播的配音日劇《一劍走天涯》（無用ノ介，1969）。之後一家人再攻打「四方城」，我又贏得一元六角。

《一劍走天涯》主角獨眼豹由伊吹吾郎飾演

居於附近的同學來訪，攜來一本記事簿向我「兜售」。這冊硬皮的本子相當精美，教我愛不惜手。這兩天發了「橫財」，於是買下，決定用來撰寫我用心經營的日記。因此，這天是整本「日記」的開端，首日開筆，之前兩天的日記是回頭補誌的。

週五夜的電視節目十分精彩。八時有胡章釗主持的綜藝節目《閻府統請》，八時半則有我相當期待的《雙星報喜》。後者由許冠文、冠傑兄弟主持的這節目已成電視經典，二人握着塑膠鎚互敲互鬥「點到你唔服」，家喻戶曉，我這小學生也被二人的諧諧演出惹笑了，

《一劍走天涯》原作漫畫，由齋藤隆夫繪畫。

70 年代的朱維德

足見感染力之強。九時播出的配音美劇《合家歡》
（*Family Affair*, 1966-71）一樣深入民心，兩童角
豬仔（Jody）、小寶（Buffy）備受愛戴。劇集講
述富貴單身漢，兄嫂意外身亡後遺下三孤兒，無可
奈之下照顧他們，漸漸衍生溫情關係。故事反映西
方文化，當年本地未有這類題材的作品，長幼演員
演出精彩，粵語配音也很傳神。

《歡樂今宵》亦必然看。該節目包含眾多環節，我
特別喜愛朱維德主持的「上下古今」，內容豐富，
扼要道出歷史由來，資訊與趣味兼顧，朱翁的演繹
生動有趣，足見知識廣博。

《合家歡》片集的主要角色

| 1971 年 6 月 19 日 星期六 |

第四天 日記	19-6-71 星期六	(大猩猩)	今天早上,我不用 到了12時,我在 五角錢一個,十 開電視看地球 猩猩的,那猩猩因 怪物,還有一個 養大的呢!到了下午六時半 吃完飯,爸爸道弟弟返 偵樂部,十時看法 上捉了十多隻小甲 中,到了晚上十二	上課,所以很早便起床了. 同學書店買了一 分好看的,到了下午三時,我便 保衛戰(ULTRA Q) 吃了黑葉合桃,而變成一隻 啞子叫五郎的, 我們便一同吃飯, 外家,九時半便看花王 網難逃,今天我在家中花壇 蝶,我把牠們放在一個空罐 時,便睡覺。	個擦紙膠 今次是說大 大猩猩是他
每日例話	19-6-71 星期六	(超人七号 怪獸及星人)			
什記	19-6-71 星期六	超人七号 四大武器	死光 頭刀	透視眼 光鋸	超人和超人七 号都是M78星人

超級漫畫迷

日本最著名的漫畫週刊之一《少年 Magazine 》，封面為《超人七號》。

【校園裏外】

我就讀的小學採長短週制，這天不用上學，我依然一早起身，跑到「同學書店」購物。

同學書店位於寶鄉街。該店同時銷售賣文具、書籍及租書，三位一體，是區內最具規模的書店。店面呈長形，前方賣文具，另置書架售賣書本，最精彩是店後方，在一個木搭的平台上，堆放了一百幾十本漫畫，沒系統的散落，供人隨意揀選，租賃閱讀，現場讀或付按金借走皆可。書店老闆早年經營租書檔，生意越做越大，我可說目睹他發跡。我是超級漫畫迷，經常來租書看，與老闆混得很熟。

這天買了一片擦字膠，售五毫，在當時是高價貨。願意花錢買它，因為是日本的設計，我鍾愛這種精品文具。這片長條狀擦字膠，外形獨特，綴以鮮艷顏色，透着濃烈香氣，至今我仍有印象。那時候，學子用的文具多屬國貨，雖實用，卻也太平實。這些日本貨已進入普羅大眾市場，但仍是「物以罕為貴」。日本文具以至其他商品，有很多新構思，賦予精緻又新穎的設計，像這片擦子膠的色彩、香氣，即使歐美出品的文具也沒有這種心思，反映了日本的設計文化，更透視他們致力開發具本土特色的產品市場，展現日本貨的魅力。

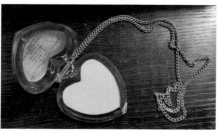

這款七十年代的日本擦字膠設計得好像首飾一樣，十分精美。

【課餘樂事】

下午三時看了《地球保衛戰》（ウルトラ Q ／ *Ultra Q*, 1966-67），
乃日本怪獸電視片集的經典。當年這類怪獸劇集及電影很盛行，當中
外星怪獸襲地球，肆無忌憚地摧毀都會樓房，看得人興奮。我是這類
怪獸戲的頭號粉絲，一來故事完整，二來由真人扮演的怪獸也相當
生動，很好玩。雖則其意念源自如美國電視片劇《迷離境界》（*The
Twilight Zone*）等，但日本人用了怪獸來包裝，拓展想像空間，玩出
另一層趣味。

七十年代香港銷售的
翻版漫畫

原裝日本漫畫雜誌的內容
十分精彩

晚上有胡章釗主持的《花王俱樂部》，乃早年電視遊戲節目的經典作，尤其觀眾要在「獎金」或「獎品」二擇其一，難料哪一項會獲利更豐，取捨極艱難，經胡章釗的「抵死」引導，更顯緊張，而電視機旁觀眾因知道背後答案，看參賽者與運氣角力，多少有幸災落禍心理，特別過癮。參賽者失敗後會獲得安慰獎，「一手攞得幾多」特約商產品的畫面，同樣深入民心。

【漫畫創作】

上世紀六十年代由日本開發的「超人」角色，以及相關的漫畫、影視作品，現時稱為「鹹蛋超人」，我自小學初接觸已着迷。這裏繪畫了「超人七號」（Ultra Seven），當時已風靡日本。本地電視台播放的「超人」片集較滯後，坊間出售的翻版漫畫相對貼近日本潮流，所以「超人七號」我早已讀到，便把這角色，連同相關的怪獸一併畫下來。

回到 1971：香港小學生日記

| 1971 年 6 月 20 日 星期日 |

第五天 日記	20-6-71 (魔鬼魚) 星期日		今天早上我很早 便起床,因不用上 課,便和爸爸 一同到茶樓去 喝茶,到了十一時 半,便和爸爸 一起看七海遊 踪片集,今次是 介紹魔鬼魚 的,十分好看,到 了下午三時,本想看 國際兒童樂 觀,怎知原來因 颱風影響衛星不能傳播,所 以只有看星球歷 險記,到了下午六 時,便吃飯,吃 完了便看青春火花,今晚的青春火 花很好,再看 皆大歡歡喜,便上床晚睡覺。
每日例話	20-6-71 (魔鬼魚) 星期日		魔鬼魚 (柔和動物)
什記	20-6-71 星期日	三個超人	

着迷
科幻故事

【校園裏外】

我和妹妹隨父母去飲早茶。我們家和茶樓甚有淵源，父親早年曾營運茶樓，上世紀七十年代則在朋友於大埔經營的酒樓幫手。我和妹妹是小朋友，貪新鮮，只愛吃西餐，對飲茶興趣不大，別説品茗甚麼，即使點心也非我們的心頭愛，充其量對甜點較熱衷，如馬拉糕。飲茶時大人只管攤開報紙閱讀，過程很沉悶。回想家人既出身於這行業，一盅兩件的種種好東西我卻平白錯過了。

【課餘樂事】

放假在家，當然繼續擁抱電視。早上十一時半播出的《七海遊踪》，是 6 月份剛推出的新節目，外國製作的紀錄片。電視台的益智紀錄片，聲畫兼備，是普通人家的小孩認識世界的一扇重要窗口，我的求知慾很強，興趣多多，對紀錄片節目尤為投入，從中長知識。像這天介紹魔鬼魚，我能夠把匆匆過眼的影像默記，然後繪畫出來，顯見我深受吸引。

那時候電視台已有少許人造衛星直播節目，這天卻因外圍醞釀風暴，直播節目取消了。期間看了《星球歷險記》（*Land of the Giants*, 1968–70），是我超級喜歡的劇集。這套由 Irwin Allen 創作的劇集，盡玩「大人

《時光隧道》劇照

國」趣味，講述主要角色流落一個星球，那兒居民全是巨人。全劇特效出色，非常逼真，看得很過癮。我愛科學幻想類作品，包括漫畫、讀本、電視、電影，簡直樂此不疲。Irwin 想像力豐富，所創作的另一劇集《時光隧道》（*The Time Tunnel*, 1966–67）也是電視台熱播之選，角色通過時光隧道抵達不同時空，把幻想元素玩得出神入化，製造出種種驚險情節；場面設計、服裝、道具都很出色，對日後科幻製作帶來深遠影響，當時每一集我必定收看。《太空迷途記》（*Lost in Space*, 1965–68）也是 Irwin 創作的劇集。

逢週日晚上八時播出的《青春火花》，我必定捧場。該劇早已風靡日本，來到香港亦受觀眾追捧。它把體育運動戲劇化，甚至神化，創作如「鬼影變幻球」等超現實必殺技，增添戲劇吸引力，不流於單純呼喊熱血精神，為體育類型戲劇打開新局面。該劇在香港引發熱潮，甚至帶動排球運動的普及。

《太空迷途記》的飛船

《時光隧道》的東尼與阿德

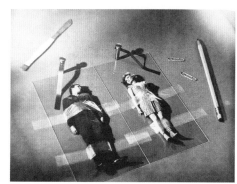

《星球歷險記》玩盡大人國與小人國

| 1971 年 6 月 21 日 星期一 |

第六天 日記	21-6-71 星期一	(爸爸的生辰)	今天早上六時半便起床上課,到了下午 十二時許,便放學了,今天下午三時我和弟弟打乒乓球,六時半吃飯,原來今天是爸爸生日,我所以很好餸,有 雞,石班,和蝦等真是好吃,到晚上十二時我才睡覺。
每日剪話	21-6-71 星期一	(科學巡邏隊) 手工	
		科學巡邏隊 完成 ‥	
什記	21-6-71 星期一	宇宙太空船 (手工)	
		完成品	

大埔的
味道與聲音

大埔寶華大戲院
相信是我入場最多的戲院了

【校園裏外】

星期一，要上學去，晨早六時半已起床。通常我不會在家吃早餐，父母有給零用錢，因此回到學校後，在小息時段到小賣部買點吃的果腹。每天我都徒步上學，約要二十分鐘，八時前要入到課室。

上學途中，有一個印象極深的情景。當時大埔區仍屬發展初階，上學途中除經過一些商舖，周遭不少地方尚未開發，多為曠地。1967年開業的寶華大戲院甚具規模，但它背後還是一片泥地。戲院開業時，報章介紹：該處是大埔滘西洋菜地段一部份，經填土平整，使之與廣福道平衡，在該新填地段建起新型的寶華大戲院。至於戲院附近範圍，當時出版的「地圖指南」顯示為「政府計劃發展地區」。我每天走過那兒，都聽到收音機廣播，附近居民正聆聽英國廣播公司中文台的播音，音量調得很大，記憶猶新是報幕時，採用海頓的《降E大調小號協奏曲》作背景音樂，也就是《歡樂今宵》內沈殿霞演出的「上海婆」趣劇的音樂，那首粵語主題歌的調子。

六十年代末的寶華大戲院

《超人》片集中的科學巡邏隊隊員

再往前走，經過學校所在小丘的山腳，有一間聖母聖心小學，是妹妹就讀的學校。該校有一間小石屋，內置烘麵包的焗爐，一大清早便傳來陣陣怡人的麵包清香。麵包由那兒的修女製作，只於早上發售，主要賣給坊眾，我們稱為「教堂麵包」。雖只是四四方方的一個白麵包，但香氣四溢，啖之極可口，每個約售一毫，我忍不住買來吃，邊步上半山學校邊吃，連水也沒有，依然吃得滿足，記憶猶新，奈何此美食已不可再。

【課餘樂事】

這天是父親生日，我們一家四口連同寄居的「弟弟」一起慶祝。當年一般家庭甚少外出用膳，即使慶祝生日也是在家進餐，由母親下廚，有雞有蝦更有石斑，吃得很豐足。

體育運動非我的強項，但仍會在家玩玩乒乓球。我更愛做手作，滿足自己。有些玩具雖然喜愛，但沒有餘錢買，便自行製作，發揮創意。最簡單是用紙張、硬卡製作立體模型，外觀有立體感，當時做了很多，這裏便畫下製作圖。

科學巡邏隊的基地設計十分獨特

回到 1971：香港小學生日記

| 1971 年 6 月 22 日 星期二 |

第七天 日記	22-6-71 星期二	(魔術棒)	今天回到學校,沒有甚麼事做,到了下午,爸爸說已買票去看「大仙遊海」,不甚好看,到了五時半,便看欺 GALOOS) 今次是說史柏基被班麗飛螢小隊用一枝魔術棒隱了身去救了晚上七時許,我們一家人到遊樂	放學回家,吃了午這戲的故事多是樂天地片集(B□ GA 姍捉了去他,十分好笑,場散步,到了時半才回家,到了晚上很早便睡覺。
每日側記	22-6-71 星期二	(怪獸大特報) ~恐龍~	怪獸大特報 ① 恐龍 (Dinosaur)	性能:口吐放射能,尾長而有力。 高度:一百六十公尺 重量:五十噸 來源:史前怪獸,因海底火山爆發而出來的。
恐龍	160公尺			
什記	22-6-71 星期二	月球探險船 (手工)		
完成 00	在夜閒玩	窗消束 氣球 4吋 氣球4個	放在裏面	都俱的蔽,用多少綳線 四個 一條

奇幻兒童音樂節目

【校園裏外】

我喜歡上學讀書，成績不俗，常名列前茅，惟獨較頑皮，操行相對遜色。我就讀的小學校譽頗佳，同學的家庭環境一般不俗，家長既有專業人士，亦有公務員，可歸入中產階層。不少區內居民的家人已移居英國，生活環境較理想。有別於粉嶺、上水，

這幾張都是當年父母親經常播放的唱片

當時大埔的農村風貌相對淡，更見摩登氣息。事實上，大埔向來是新界區的行政中心，政務司官邸、北區理民府均坐落於此。

【課餘樂事】

父母都講究生活情趣，愛看電影，聽音樂。各類型電影都看，西片較多，還有日本片，其次是台灣的國語片，港產電影則相對少看。音樂方面也聽得廣泛，古典音樂、國語時代曲，以至粵曲都聽，歐西流行曲則少聽。他們買下不少黑膠唱片，閒來在家中播放欣賞。我亦受到薰陶，從小已熱衷於影像、音樂。

父親買了電影戲票，一家人到寶華大戲院看《八仙渡海掃妖魔》。這是台灣中影 1969 年出品的國語片，由江明、葛香亭、武家麒等演出，屬闔府皆宜的彩色特技片，聲稱「神乎奇技」，似乎「開正我戲路」，

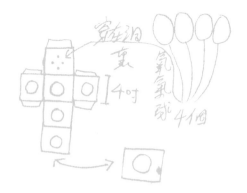

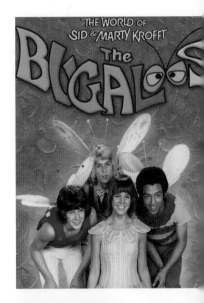

我卻記下「不好看」，大概效果甚遜。此片於這年
1月21日已在市區的國語片院線「雙麗線」（龍
頭戲院為麗都、麗華）公映，寶華雖是具規模的新
型戲院，始終位於新界，故映二輪片為主，但已為
區內居民帶來不少娛樂。

下午五時半電視播出美國片集《快樂天地》（The
Bugaloos, 1970-72）。《香港電視》推介「適合
兒童觀看」，報紙更稱讚為「極富教育意義與娛樂
性的童話影片」，的確，這片集深得我心。它講述
幾個年輕人組成樂隊，各個角色作小昆蟲模樣打
扮，這支飛蟲小隊會跳會飛。片集走奇幻路線，特
效影像甚富玩味，題材和表達方式是本地製作少見
的。這天播放的一集主題是「功虧一簣」，講述小
飛蟲創作了新歌，獲節目主持人賞識，卻被五音不
全的女子欺騙加害，眾人合力營救。每一集都有歌
有舞，我會用錄音機把歌曲收錄在卡式帶，隨時翻

《快樂天地》又歌又舞，加上
獨特的世界觀，十分吸引。

一家四口攝於香港動植物公園

聽，唱得滾瓜爛熟。奈何卡式帶能收錄的歌有限，重複收錄時便把前
一首歌「洗去」，更可惜是收入大量電視歌曲、日常生活對話的盒帶
後來都遺失了，現只留下一盒。

舊大埔墟火車站現仍留在原址，成了火車博物館。當時附近已闢建了
新的籃球場，並有一片沙地。那時大埔的休憩場地有限，坊眾都稱呼
這兒為「遊樂場」，最特別是裝置了一台電視機，開放給公眾觀看。
我們一家人夜裏會到來散步。

-年代的大埔墟火車站

七十年代的大埔墟火車站

| 1971 年 6 月 23 日 星期三 |

第八天 日記	23-6-刋 星期三	(魚 怪)	今天有一個新先生 來代課·定因為 港先生病了·所 以他來代課·那 新先生姓□·是 戴眼鏡的· 到了二時半·爸爸 和媽媽出九龍· 我們便在家 溫習·到了下午五 時半·便看超人(ULTRAMAN) 今天次是說科學巡邏隊在海底中心·受到一 隻怪獸襲事·那是一隻魚怪·他的鼻子上有一 個大鑽·吉田利用太空震變成 超人·那怪獸 在用鑽在海底 走到地面·超 人今次先用光 圖·再用珠光把 怪物打瓦·很 不錯·到了大 家·還買了些 雞烘·吃·十分 美味·今天到了七時才吃飯·到了 晚上·便看聲 寶之夜和萬能神 探·到了晚上十一時才睡覺。
每日例話	23-6-刋 星期三	Q太郎 ③ 公仔節 (前文在30頁)	
什記	23-6-刋 星期三	宇宙船玩法	宇宙船 線 最好在黑夜玩 試(要拉緊線)

「鹹蛋超人」 我的熱選

【校園裏外】

這天來了區姓的代課老師，因為原來的韓老師生病。放學後，父母有事到九龍辦理，我留在家中溫習。溫習，實非我的慣常生活流程，一般都是臨近測驗考試才加把勁溫書。

《超人》片集中的第一代超人

【課餘樂事】

下午五時半播出的《超人》（Ultraman）片集，我必然「坐定定」觀看。如前述，當時日本已熱播「超人七號」，但香港的電視台還在重播第一代的故事。無綫電視約於 1969 年引入第一代《超人》電視片集，當時我家還沒有電視機，只能偶然通過電器舖的電視窺探一二，或在同學家中觀看，也只偶一為之。直至家中買了電視機，看到重播《超

人》。雖是重播，卻是我第一次完整的觀看，看得津津有味。我向來喜歡科幻故事的豐富想像力，看得十分投入，過後可以把每集的故事在日記完整寫出來。瘋狂到一個程度，預先準備好紙筆，看到趣致的怪獸造型，立刻速記，然後在日記中描畫出來。

和當年無數家庭一樣，晚上必然收看《聲寶之夜》、《歡樂今宵》，兩個備受歡迎的綜藝節目。

《超人》片集的主角吉田由演員黑部進飾演，誰會想到，數十年後我可以和這位吉田見面，而且獲得珍貴的簽名。

ウルトラマン NECO様

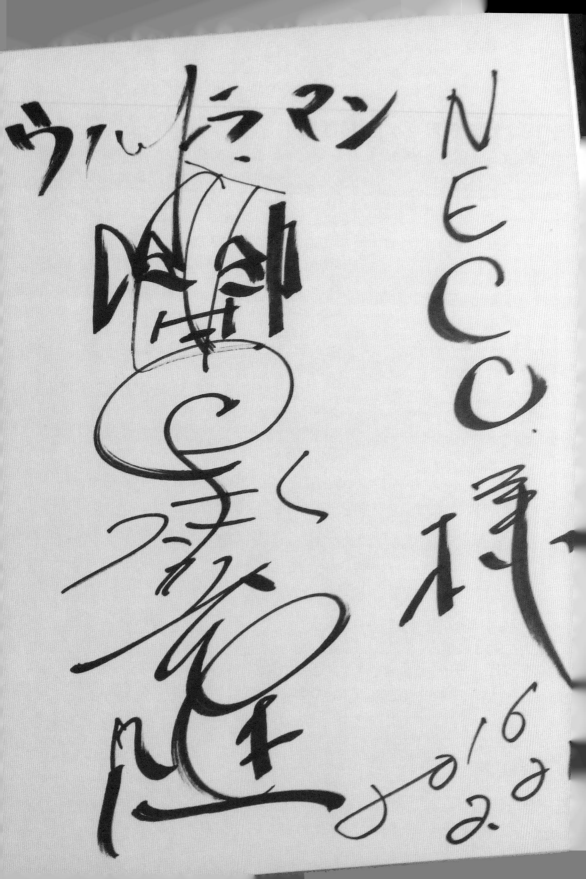

'16
2.28

| 1971 年 6 月 24 日 星期四 |

第九天 日記	24-6-71 星期四	(買新書)	今天回到學校,到上農業堂的時候,因為寒先生有病,所以告假,由歐先生來教我們,他本來是教農業的,上上下上了社會,又上了英文,更上了化學,這真是十分有趣,放學回家吃 鷄蛋,下午我一共 買了三本圖書,三本都是超人封面的,十分好看,到了日下午六時半,吃飯,今天的餸是煮蕃茄,十分美味,我一共吃了三大碗飯,到了晚上,便 睡覺。

每日例話	24-6-71 星期四	(怪獸大特報) ~神 蛾~	怪獸大特報 ② 神 蛾	成 蟲	性能:毒粉 長度:一百七十五公尺 重量:二十頓 來源:嬰兒島守護神。
		神蛾(成蟲) ─────175公尺 神蛾(幼蟲) ─────100公尺		幼 蟲	長度:一百公尺 重量:二十五頓

什記	24-6-71 星期四	預告 →	①	②	③
此三個 故事將 在短期 內在……	(每日 例話) 裏推 出	三個故事 包括 →	癩僑巴 and Q仔	MATAND 超能人	小旋 風

決定創作
「九格漫畫」

【校園裏外】

這天要上「農業科」。今昔有別，當時香港仍有農業，尤其我居於新界，區內務農的人不少。新界有些學校會開設農業科，讓學生認識自然界和種植。農業關乎糧食生產，受到社會重視。香港於戰前已辦農業展覽會，戰後第一屆於 1953 年舉行，該活動之後也設校園比賽。第一屆校際蔬菜種植比賽亦於 1968 年舉行，有十多間新界鄉村小學參與，包括我就讀的大埔官立小學，我們也曾獲獎。

六十年代的大埔春暉園

我校闢有名為「春暉園」的小園圃，內裏劃出一些地方讓學生親身體驗種植。今天由代課的區老師主講農業科，講了很多其他內容，更接近社會科，十分特別，相當吸引，充實了我其他的知識，較平日的農業課題更有新鮮感。回想我的老師都很專業，教學投入，相當優秀。

【課餘樂事】

放學後，我買了三本漫畫書，每本七、八十頁，封面彩色，內頁以藍色油墨印刷，純粹單色。每本各售五毫，當時已算貴價。三本都是「超人」封面，可見我何等熱愛，也側映這些日本漫畫對小孩子的影響力。那時候接觸的動漫圖像，大多是黑白的，翻版漫畫書僅封面有顏色，我家裝置的也是黑白電視，看到的片集都是黑白的。當年流行在熒幕前架一幅淡藍色的硬質膠片，聲稱能阻擋輻射，嚴格來説，看到的就是添加一層淡藍的單色影像。彩色電視已開始推廣，途經電器舖會看到，或因習慣了黑白，彩色影像反而感覺奇特。

（左圖）日本怪獸片經典
《地球保衛戰》

（右圖）我最熱愛的
日本怪獸片之一
《飛天怪獸大戰恐龍》

六十年代《超人》翻版漫畫

【漫畫創作】

除了「超人」，日記中各式「怪獸」也畫了不少。當時以怪獸襲地球為題材的影視作品甚風行，戲院年年都公映，像「哥斯拉」那類，雙親一定帶我去觀看。有時候安排在公餘場放映，我們也會去看。公餘場是下午五時半加開放映的場次。我是這類戲的頭號粉絲，內容十分入腦，回家後立刻把故事內容、怪獸造型在日記中重繪。

起初 Q 太郎是日記中繪畫的主要形象，我的同學讀者反映，想我多畫些其他內容，所以開始創作九格漫畫，日記的內容更多樣化。

第十天 日記	25-6-71 星期五	(收到表格)	今天回到家裏，沒有事做，祇有溫習，到了下午四時，福兆說有人寄信給我們，我們一看(我們是指我和冰心)，原來是聲寶之夜叫我們去考試心音的，我們很高興，他們叫我們在六月二十九日即下星期二到九龍的曾福試音，我五時，冰心四時，我們很高興因為我們只寄了二個月，到了五時，爸爸便和我們選擇好去表演的歌，到了八時，便看電視，到九時半便睡覺。

每日例話	25-6-71 星期五	(怪獸大特報) ～三頭翼龍～	怪獸大特報 ③ 三頭 翼龍	性能＝善飛，口吐電光。 高度＝一百八十公尺 長度＝180公尺 重量＝七十頓 來源＝由宇宙星人所操 縱的宇宙怪獸。

180公尺

180公尺

三頭翼龍

什記	25-6-71 星期五	預告→	① 紙的玩具	② 圖片介紹	③ 魔 術
什記特 增加五	個項目 三個項	目包括…	教人怎樣做一些紙的玩具。	介紹一些故事的圖片。	每次介紹一至二個魔術。

兄妹出戰
《聲寶之夜》

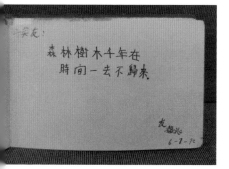

森林樹木千年在
時間一去不歸來
友 福兆
6-7-7x

不是同學，好友「福頭」葉福兆也在我
己念冊上留言。

【校園裏外】

福兆，全名葉福兆，並非我的同班同學，而是
鄰居，居於我樓下，我倆很投契。他來自大家
庭，是家中幼子，家人經營雜貨店，經濟環境
相對優裕，故有餘錢買玩具，不時與我分享。
我搬離大埔後便與他失去聯絡。1987年，我曾
以訪尋這舊友作引子，攝製了錄像紀錄片《尋
找福頭》。

·聲寶之夜·

翡翠台
星期三
八時正

聲寶之夜增設獎品 歡迎觀眾各展其才

無線電視的「聲寶之夜」節目，每逢星期三晚都給電視觀眾
一個好機會，讓他們在螢光屏上大演身手，各展其才。

以前，但「聲寶之夜」純粹給電視觀眾
不設獎品，表演的項目之好，其熱情雅意，一直都異常踴躍，參加的申
請信之多，表演的天才業餘表演者起見，令主事人大為感動。「聲寶之夜」從
為了報答參加節目的天才業餘表演者起見，令主事人大為感動。「聲寶之夜」從
本星期三開始，加設名貴獎品，贈送給參加表演的優秀藝員，其

辦法分初賽和決賽。
初賽時以燈號為標準，每次獎品如下：

「聲」一燈號者：聲寶幸運鳥一只。
「聲寶」二燈號者：聲寶牌102AB收音機一架。
「聲寶之」三燈號者：聲寶牌電動榨汁機一架。
「聲寶之夜」四燈號者：聲寶牌RD505手提錄音機一具。
每三個月舉行一次決賽。決賽優勝者又可以得到更名貴的獎

品。

第一名：聲寶牌121—Q6十二吋原子粒電視機一座。
第二名：聲寶牌ES1000洗衣機一架。
第三名：聲寶牌FD256電風扇一座。

「聲寶之夜」增設獎品之後，繼續歡迎各界人士參加，舉凡
對音樂、歌唱、舞蹈、口技、雜技、魔術、諧劇……有興趣或有
特長的人，不論團體或個人性質，均可寫信報名參加表演。只要
寫上姓名地址，表演項目，逕寄九龍郵箱K100號「聲寶之夜」
主持人收便安。

在《香港電視》雜誌刊登的《聲寶之夜》介紹

180公尺
180公尺

【課餘樂事】

《聲寶之夜》是當時甚受歡迎的觀眾才藝表演節目，由電器品牌「聲寶」特約播出。我們除了觀看，竟也湊興參與。源於父母愛聽歌，尤其七十年代國語時代曲風行，我和妹妹隨父母聆聽之餘，也跟着唱。家人聽在耳內，鼓勵我們參加《聲寶之夜》。我性格內向，比較害羞，妹妹則屬外向型，敢在人前獻藝。因有妹妹同行，我也沒反對參加。

我們填寫了《香港電視》雜誌上的參賽表格，寄出後近兩個月才收到回覆，着我們於數日後前往「試音」。我倆分別獨唱，各自揀選參賽歌，父母替我選了國語歌《一個蓮蓬》，是姚莉在電影《那個不多情》（1956）所唱的歌；妹妹則選唱《魚兒哪裏來》，也是國語歌。隨後幾天我倆便全力集訓備戰，非常認真。

姚莉的唱片之一，
當中正好有《一個蓮蓬》。

另一部日本怪獸片
香港放映時中譯
《四大怪獸爭雄

11

1971 年 6 月 26 日 星期六

第十一天 日記	26-6-71（練歌） 星期六	今天因為快要考試，所以11時便放學，回到家裏便練歌，一直到了一時半，便去興發茶餐廳吃東西，我吃了一杯什菓冰和一碟炒河粉，回到家裏繼續練歌，因為掛者練，所以連地球保衛戰也不記得看，到了晚上，看花王俱樂部時巳掛起一號風球了，今晚很夜才睡覺。

DB & Q

每日例話　26-6-71　星期六　霸德巴 and Q仔

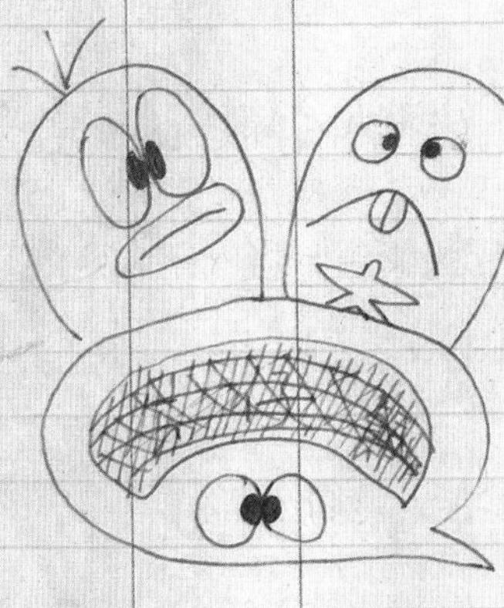

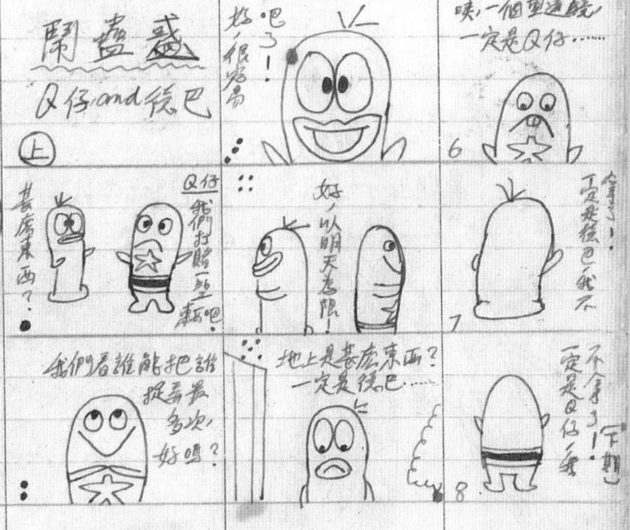

鬧盡盞　Q仔 and 德巴（上）

什記　26-6-71　星期六　紙的玩具 第一輯

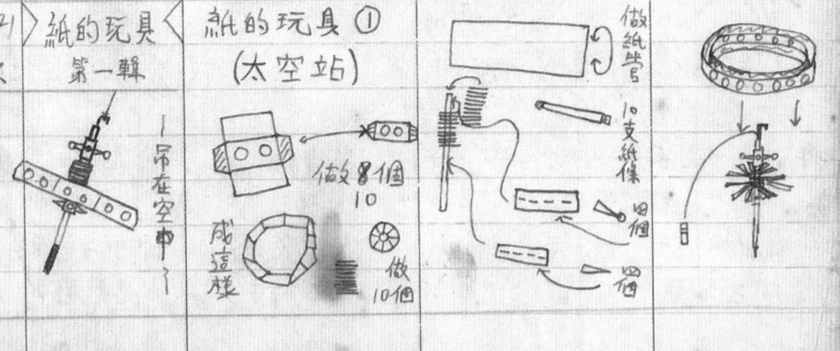

紙的玩具①（太空站）

完成品　太空站

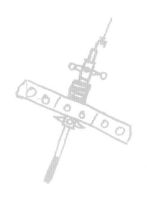

為出賽
密集備戰

【課餘樂事】

學校的考試快到了,這天提早放學。回家後,率先
做的卻是練歌,持續為參加《聲寶之夜》備戰。選
唱國語歌,但我們非外省人,國語發音不準,作為
業餘「唱家」,只能邊聽唱片邊跟着唱。

這天有機會外出用餐,前往興發茶餐廳,吃了炒河
及雜果冰。然後繼續練歌,竟然連《地球保衛戰》
也錯過了。

《太空歷奇》片集內的太空站模型

12

第十二天	27-6-71	(練歌慘①)	今天早上,一起身便要練歌,吃了飯,又是練歌,所以
日記	星期日		甚麽電視也沒有看,到了晚上八時,才看青春火花,最後,到了十時才睡覺。

每日例話	27-6-71	(怪獸大特報)	怪獸大特報 ④	性能:翼長而有力
	星期日	～鐵翼怪鳥～		長度:一百六十公尺
鐵翼怪鳥			鐵翼怪鳥	高度:一百五十公尺
		150公尺		重量:三十五噸
		160公尺		來源:史前怪獸,因太陽溶解冰山而復活。

什記	27-6-71	紙的玩具	紙的玩具 ②	原子車	
	星期日	第二輯	小型太空車		
完成品					
月球車		原子車			
推動行走		推動行走	月球車		

重複練歌覺乏味

【課餘樂事】

星期日，全天候練歌，足不出戶，連電視娛樂也暫被擱置，直至晚上才有機會看《青春火花》。

回想，如此這般悉力備戰，感覺吃力，持續重複唱同一首曲，為練習而練習，無法享受歌唱之樂，甚至感到壓力，挺無癮，猶幸沒有唱到聲音沙啞。

另一款《太空歷奇》內的飛船模型

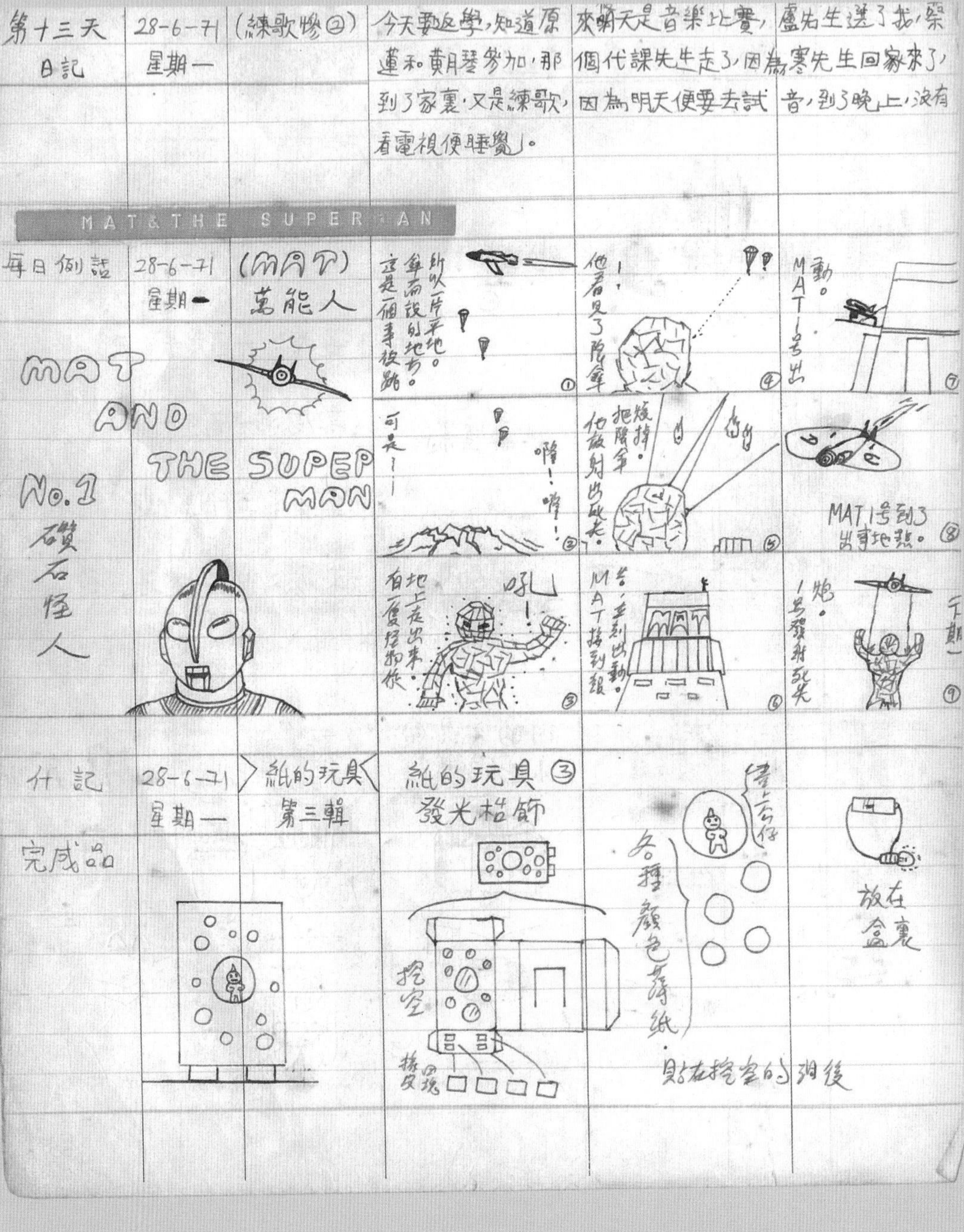

| 第十三天 日記 | 28-6-71 星期一 | (練歌慘⊜) | 今天數返學,知道原蓮和黃月琴參加,那到了家裏,又是練歌,看電視便睡覺。 | 來明天是音樂比賽,個代課先生走了,因為明天便要去試 | 盧先生送了我,寒先生回家來了,音,到了晚上,沒有 |

MAT & THE SUPER AN

每日例話 28-6-71 星期一 (MAT) 萬能人

MAT AND No.1 THE SUPER MAN

礦石怪人

什記 28-6-71 星期一 紙的玩具 第三輯

完成品

紙的玩具 ⊜ 發光橋節

各種顏色薄紙

挖空

接線

貼在挖空的背後

放在盒裏

給超人角色命名。
「萬能人」

【學校裏外】

班主任宣布星期三舉行校內音樂比賽,主要比試唱歌。老師在班中選了三人出賽,我是其一。我並非校內合唱團成員,但平日課堂上也有唱歌,老師了解我對音樂感興趣,表現也可以,唯獨是個性內向,有怯場問題,但還是入選了。

農業科代課區老師離開了,竟然有點失落,因為這位老師講課挺有趣,給我新鮮感。

《超人歷險記》片集

【課餘樂事】

回家後，依然為出戰《聲寶之夜》練歌，電視節目仍然要暫擱。

【漫畫創作】

對於日本《超人》角色的發展，主要透過漫畫掌握。當時發現有一個與超人造型近似的新人物出現，印象強烈，於是在日記率先把那個形象畫下來，開始以這個角色創作漫畫，乃日記的新作，為它起名「萬能人」（MAT）。後來才知道當時讀到的就是其後名叫「阿鄉」的超人角色，在當時是非常之新，坊間根本沒有太多資訊，我才自行賦予名字。同學之中也有動漫迷，但自己是最入迷的一個，加上住處與租書店僅一步之距，有此地利，較易接收資訊，經常與同學分享。

不同版本的超人「阿鄉」漫畫

當年日本漫畫雜誌已介紹超人「阿鄉」

第十四天 日記	29-6-71 星期二	（試唱歌）	今天放學回家，吃了一些東西，便乘二時五十分的火車出九龍，我們在尖沙咀下車，在清唱，要在短期內收到愛火車回家，到37時便和試通知書，本來用樂隊，爸媽們一同到空事去我們乘五時十二分的看是一部益智片，有鳥類、海狸、魚、龜等，真是看北國奇觀，十分精來極了。

LITTLE FLY BOY

每日例話	29-6-71 星期二	小旋風 ①	小旋風 ①	妖精の日…

小旋風是個神仙有一天…
① 好！現在就…
④ 啊，大眼兒也來了。
② 講跤呢樣，阿，是怎樣
⑤ 呀！到了。
來起來玩吧！
③ 0000 原來是
啊，小旋風來了！
⑥ ⑦（工期）
大食兒先生！

什記	29-6-71 星期二	預告 →	① 小飛俠	② 太空魔星	③ 飛天貓苗
每日例話又增加三個新故事，包括……	小飛俠在49頁推出。太空魔星在50頁	推出。飛天貓在52頁推出。			

《聲寶之夜》
試音之旅

【課餘樂事】

為《聲寶之夜》試音的日子終於來到。放學後，用過午膳，母親帶我和妹妹到尖沙咀曾福琴行試音，乘火車再轉巴士，甫抵達發現竟見有不少人等候試音。參加者以成人居多，當時我 11 歲，妹妹 9 歲，兩個少年人在家長陪同下出席，現場所見絕無僅有。

參加者一個接一個進入房間試音，現場置有鋼琴，並安排了琴師，提供伴奏。由於參加者抵達時才報上所選歌曲，也許關乎司琴者能否演奏該曲，故並非每一位都獲得伴奏。我和妹妹選的歌並非流行曲，只能夠清唱。先由我進房間唱，然後到妹妹唱。完成後，職員循例告知若能進入複試，會通知我們，到時會有伴奏。整個試音過程約半小時，當時我已覺得沒有多大入圍勝算——後來果然如此！

兄妹二人吃蘋果

回大埔後，我們去寶華大戲院觀看電影《冰國奇觀》（*Lockende Wildnis*, 1969）。在戲院看紀錄片的機會不多，通過大銀幕觀看彩色製作，效果極佳，這一部我便評為：「十分精彩！」這是西德攝製的紀錄片，曾在東德放映，於 1971 年 4 月 8 日在香港的普慶、珠江組成的左派院線首映。影片在寶華作二輪公映，看到作為地區戲院，寶華選片兼收並蓄，不分中外，既是益智紀錄片，也引進放映。

【漫畫創作】

對繪畫漫畫我一直感興趣，慢慢嘗試自行創作，這兒便構思了名叫「小旋風」的新角色。在日記創作的好處，就是每天畫一點，日積月累，同時有同學閱讀，給我推動力。

《冰國奇觀》的原裝電影海報

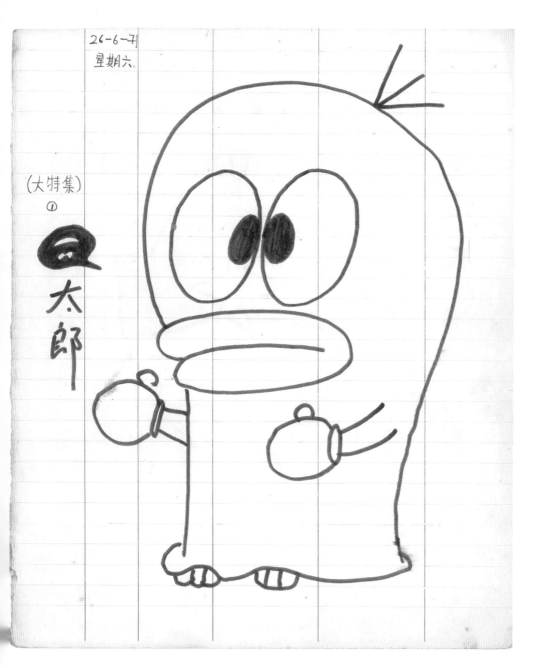

回到1971‥香港小學生日記

第十五天 日記	30-6-71 星期三	(音樂比賽)	今天是音樂比賽,我得了第二名,蔡蓮得 放學回家便溫習,明天是公眾假期,早上 名叫「彗星女妃」是日本片,到了下午五時半,便看超人(ULTRA-MAN)今次是說三隻怪獸的,一隻是紅龍 隻是彗星怪獸,故事是說有一個彗星墜 吃了六個氧氣彈,因防蟻炸,科學巡邏隊 知原來有三隻,一隻是吃了彈的,一隻是彗 雪人和紅龍合力打死了彗星獸,後來雪人被伊簾用起微粒 成失飽打死了,紅龍被超人用宇宙光放 用光圍打成三段,超人把頭一段(藏有氧彈的一段)放 在太空爆炸,今次超人很好看,到了晚	第一,劉家娜第三 十時有一個新片集, 王,一隻是雪人,一 地球,有一隻怪獸 便出動打怪獸,怎 星獸,一隻是雪人, 在空中,再被超人 上很夜才睡覺。
每日例話	30-6-71 星期三	新 德巴 and Q仔 (前文在40頁)	鬧鬼惑 Q仔 and 德巴 (下)	

每日例話 漫畫：

鬧鬼惑　Q仔 and 德巴（下）

- 9 啊 上當！德巴 沒有
- 10 啊 Q仔 上當！沒有
- 11 啊碟有飛
- 12 嗄 肚子餓了
- 13 好在有 好透鏡！
- 14 好在有蛋糕！
- 15 結果，Q仔⋯
- 16 而德巴卻⋯（完）

什記	30-6-71 星期三	預告	每日例誌將增加一個由何萬勝作的大力水手卡通故事,在55頁推出,請勿錯過!	

歌唱比賽奪亞

【校園裏外】

我獲選參加校內的音樂比賽，與其他同學切磋歌藝。之前為出戰《聲寶之夜》，廢寢忘餐地練習，不想浪費已付出的辛勞，便再以《一個蓮蓬》歌曲出賽，結果取得全校比賽的亞軍，在我班中則是第一，也是全校唯一奪獎的男生，很開心。小學時代術科以外的活動很多，我都樂於參與，自己在音樂、美術科都取得不俗的成績。

【課餘樂事】

《香港電視》預告將有新的兒童片集《彗星女郎》在公眾假期早上播出，不了解內容，期待觀看。逢週三下午五時半播出的《超人》必然欣賞，繼而把內容寫入日記，如此詳盡，因為看得很投入。

原裝正版日本《Q太郎》漫畫

回到 1971 ：香港小學生日記

原裝正版日本《Q太郎》漫畫

回到1971：香港小學生日記

16

第十六天 日記	1-7-71 星期四	〈彗星女郎〉	今天早上到興發喝了茶後，便看新片集〈彗星女郎〉，這是一個半卡通半真人的片集，內容十分好笑，是說一個天上的彗星，因為牠太頑皮，幼火罰她來地球，牠是一個會變法術的人，鬧出不少笑話，到了下午，只有我和弟弟在家，我看三個小星，晚上，看佳期上來聯邦密探隊。		
每日例話	1-7-71 星期四	〈MAT〉 萬能人 (前文在44頁)			
什記 完成品	1-7-71 星期四	〉紙的玩具〈 第四輯	紙的玩具 ④ 轉眼公仔		

《彗星女郎》
真人配動畫

【課餘樂事】

這天是公眾假期，毋須上學。和現在一樣，1982 年以前，每年 7 月 1 日都是公眾假期，當然名目有別。查看 1980 及 1981 年《香港年鑑》內的全年公眾假期列表，這一天的假期名目是「七月份第一個週日」。

由於是假期，電視台一早已公告安排了特備節目，早上十時正播出前文提到的日本片集《彗星女郎》（コメットさん，1967-68）。終於看到，即被它的故事及表現手法迷住。片集在日本大受歡迎，故事講述由九重佑三子飾演的外星少女高美，因為太頑皮而被驅逐到地球，寄居在普通人家，她身懷法力，遇上種種奇趣經歷。片集的特色之一是結合真人與動畫。片集主要由真人演出，而外星人校長先生則以手繪動畫表現，至於高美的寵兒「小角龍」則屬定格動畫，幾樣素材巧妙結合，製作認真，效果出色。這天隨假期先推出一集，後於同月 29 日起，逢週四下午五時播出。

由九重佑三子主演的
《彗星女郎》片集，當年
很受歡迎。

【漫畫創作】

我繪畫的「萬能人」漫畫得到同學喜愛，讚賞精彩。這個人物我只靠手頭幾張來自漫畫書的彩色圖片，模仿加創作而繪畫出來，我亦自覺畫得頗成功，因為其肢體線條較 Q 太郎複雜，我亦掌握得不錯。同學的欣賞，為我注入強心針，證明自己並非只懂畫 Q 太郎，相信畫其他科幻漫畫也能勝任。

| 1971 年 7 月 2 日 星期五 |

第十七大	2-7-71	(快樂的一天)	今天回到學校,沒有事做,到了下午放學回	家,卻有一件事
日記	星期五		運的事情發生了,我在這裏不寫,因兒不想別人知道,到	
			了晚上,看電視,我,今晚等爸爸回來。	

每日例話	2-7-71	Q太郎④			
	星期五	公仔節			
		(前文在35頁)			

什記	2-7-71	⑥台介紹	~圖片介紹~		
	星期五	第一輯	① 太空船	④	⑧
特別預告				⑤	
每日例話在				⑥	⑨
56頁開始,					
推出一個					
新故事:				⑦	⑩
(小機器,					
人奇奇)					

有件 幸運的事發生

【校園裏外】

日記寫下「有件幸運的事發生」，沒有細寫。如此秘而不宣，現在回想，十居其九是「執到錢」！説來有趣，在大埔居住期間，我和家人偶爾會在街外撿到錢，當然只是一元數角的零碎金錢，但對於我這個小孩子，就是樂事。最特別的一次，是與家人晚上拐小徑回家，沿途發現地上有零零落落的碎銀，湊合起來總值數元，可説是幸運的事。

我這本雖是日記，卻會拿回學校與同學分享，所以，較為私人的事我就打住不寫，「執到錢」屬這一類。

攝於 1972 年的照片，
地點已忘記在哪兒。

| 1971 年 7 月 3 日 星期六 |

| 第十八天 日記 | 3-7-71 星期六 | (烏龜) | 今天我買了許多糖，先買這樣多呢，那是因為每盒糖都西的，非常有趣，一本是說光速小飛俠的，一本是說貓眼怪童的。做奇奇，在身例下午三時，便看地宮的，故事是說有烏龜名叫黑仔，他很愛光，他要黑便要帶他去遊龍宮，果然真的大的，十分有趣。到了晚上九時半我們到寶華去看騎術奇評，十分好笑。 | 一共買了六盒，三角錢一盒，所以我才買，另外我又買二個小機說第56頁便有他球保衛戰。今次一個小孩子名叫太郎，他有一隻小仔是大了的時候那小烏龜會飛 | 錢一盒，為甚麼有一盒玩具搖我又買了三本書一本是說時光隧道，一本是器人，我叫他很們的故事到了是說太郎遊龍郎，他有一隻小仔是大了的時候那小烏龜會飛 |

SUPER BOY

| 每日例話 | 3-7-71 星期六 | 小飛俠① 水晶球の謎 | | | |

小飛俠 (水晶球の謎) 第一集

| 什記 | 3-7-71 星期六 | 預告 | 大特集(第三輯) 是(光速小飛俠) | 在58頁推出 新故事(龍虎双俠) | 在60頁推出 |

得橫財
廣購心頭愛

《小機器人奇奇》的日本原作

【課餘樂事】

觀乎這天我大手筆豪花購物，顯然昨天那件「幸運的事」，就是路邊撿到錢。

當時大埔有兩家戲院，除了寶華，還有位於廣福道的金都，1957 年 5 月開幕，那時已屬破落舊院。該院比鄰有一家頗大的商店，售賣各式小吃、零食，包括日本進口的糖果。這天我一口氣買了六盒日本出品的圓形吹波糖，總值一元八角，其實是貪圖其附贈的玩具，自行拼砌的小模型。這些小玩具有多種款式，惟買家無法選擇，只能隨機抽取。同時又買了兩個同款不同顏色的透明機械人公仔，其頭部可以拆開，內有汽水糖。日本人的玩具就是有心思，設計趣致，花樣百出。這個機械人我很喜歡，更在日記畫下來，命名「奇奇」，那時候不曉得它在日本已是很知名的漫畫角色。

我有幸和日本漫畫之神手塚治虫見面而且獲得他的簽名

MIGHTY ATOM

sun
comics

鉄腕アトム

手塚治虫

14 白熱人間

日本漫畫之神
手塚治虫的名作《小飛俠》

以《太空小英傑》為封面的翻版漫畫

另外買了三本日本漫畫書:《光速小飛俠》、《時光隧道》及《貓眼怪童》,均屬經典作,每本售五毫,全屬翻版貨。這種翻版漫畫當時很流行,頻密出版,每隔三數天就推出一本。當時本地原創漫畫約售兩毫一冊,頁數較翻版少,但需要投入人力資源創作,相反,翻版商把不同的日本漫畫湊合翻印,充其量要翻譯,卻毫不理會侵犯版權,本少利厚。翻版漫畫的製作很隨便,內容時有重複,但換個角度看,像我等小孩漫畫迷,就是靠它們增添娛樂以至吸取養份。

晚上隨家人看九時半場、李翰祥導演的《騙術奇譚》(1971),是他在台灣國聯公司時期的作品。該片 6 月 5 日已在市區的雙麗線公映,是當年的賣座片,票房收逾一百萬,排全年華語電影票房收入第六位。首輪放映落畫後約兩週,已來到新界區作二輪放映。對該片我寫下評語:「十分好笑!」相信當時我尚未真正懂得欣賞該片,只是感到很有趣。

【漫畫創作】

繪畫了手塚治虫的經典人物「小飛俠」阿童木。這角色於上世紀五十年代已在日本出現,相關動畫片集於六十年代在麗的映聲播映,我偶然有機會看到,當然更多是透過漫畫欣賞,十分喜歡這角色,因此試畫到日記中。

| 1971 年 7 月 4 日 星期日 |

第十九天 日記	4-7-71 星期日	(炎熱的一天)	今天早上吃牛肉粥，到了11時半，便看七海遊踪，今次是介紹地中海的魚類，十分好看，我又買了三個搓東西的糖，現在一共有九個了，因為天氣十分炎熱，所以我買了一把小型風扇連電芯，三元，到了下午，便吃飯，看青春火花，今次是介紹擊東擊西戰術，十分好看，到了十時才睡覺。		
		SPACE STAR			
每日例話	4-7-71 星期日	(太空魔星) 第一集	真假魔星 (第一集)		

什記	4-7-71 星期日	圖台介紹 第二輯	一圖片介紹一 □機器怪物		
特別預告	項目： (青望の夏)	第一集將介紹(青望的機器人路保)			
每日例話 在54頁 推出新	(科學夢 圖畫)				

過目難忘
繪畫所愛

【課餘樂事】

七月，已進盛夏。以往四季較現在分明，冷與熱的日子很明顯。記憶中，兒時的夏季很炎熱，會游水、喝冷飲消暑，又愛在家中玩雪，即從雪櫃取出冰雪玩。

這天非常炎熱，我花了三元買來一把手提「風扇仔」，的骰趣致。之所以買，因為這種迷你型風扇，在當時屬新穎的設計，打算帶回校向同學展示，不無一點炫耀心態。同時又買了三盒昨天那種圓形吹波糖，希望抽取其他小玩具款式，不過，要集齊全套，很艱難。

昔日大埔風貌

【漫畫創作】

繪畫了「太空魔星」人物。《太空魔星》漫畫我是通過人家的讀物看
到的,看罷即留下深刻印象。當時不知道它在日本是很知名的漫畫著
作,我被它的故事情節吸引:如同「阿拉丁神燈」,主角意外得到一
枚星形飾物,藉此操控一個黑色球體,能隨心所欲變成想要的東西。
在此之前只讀過一遍,回味不已,奈何沒有機緣再遇上該書,書買不
到,唯有自己畫,依據記憶中的印象繪畫出來。

《太空魔星》的原作
《加路路 Q》
由桑田次郎編繪

五集完的《太空魔星》令
我印象深刻

第二十天 日記	5-7-71 星期一	(我自由了)	今天回到學校,我自由了,氣得李萬爲生蝦,甘地花,真好笑.放學回家,見到爸爸,吃午餐肉夾麵包.今天弟弟還沒有返外家,到了下午,下大雨.晚上媽媽買了香港電視.咳唉我嗎了,又發燒,好在有些理痛,有事.
每日例話	5-7-71 星期一	小旋風 ② (前文在十五頁)	
什記 完成○○	5-7-71 星期一	紙的玩具 第五輯	⑤紙的玩具 迴力刀

「我自由了！」

【校園裏外】

日記內也不得不高呼：「我自由了！」實有如釋重負之感。箇中原因，我想不外錢銀瓜葛。

漫畫作品取材自現實社會，現實世界確實有如同「技安」的人物。當年我班中的肥仔同學李萬鈞，外型和個性都極像技安。他的家庭環境不俗，家長替富有洋人管理位於大埔的別墅，屬於管家，他們就居於別墅旁的小屋。他曾乘洋人東家不在別墅，招呼我們同學和家長前往玩樂。或因此背景，他自視高人一等，不時欺負同學。

李萬鈞同學在紀念冊上的留言

大概我曾有些心頭愛想買卻缺錢，於是向他借。大家變成債主與債仔的關係，彷彿有把柄給他抓着，於是受其操控，譬如不許我和個別女同學接觸玩耍。這天我應該是還清了債務，重獲自由，心情激動。

【課餘樂事】

下午回家，吃了「麵包夾午餐肉」。普通得很的食物，我卻很享受，當時很多家庭都會這樣配搭來吃，午餐肉的濃香與白麵包很配合，簡單又味美，窩心的味道記憶。

母親買了《香港電視》回來。當年我家讀《明報》，雜誌則看《香港電視》，母親愛剪存內裏譚國梅女士的食譜，那是撮自其烹飪節目《珍饈百味》所示範的菜式，母親會跟隨試煮。同時，《香港電視》也是看電視節目的「天書」，可預早探聽未來一週有何精彩節目。1971年，這週刊售四毫。全球各地亦然，作為節目指南的電視刊物都很受歡迎。無綫電視甫開台已出版《香港電視》，聲稱為類同刊物的銷量之冠。1997年，隨公司架構轉變而停刊，電視台自行出版另一電視週刊。《香港電視》前後出版了 1,556 期。

夜裏身體不適，發熱嘔吐，服了「必理痛」。童年時我有「暈車浪」毛病，外遊時會帶備「保濟丸」。家中必有這兩種成藥看門口。

大家都喜愛的梅林牌午餐肉，現在仍然有售。

譚國梅的《珍饈百味》食譜

21

1971 年 7 月 6 日 星期二

第二十一天日記	6-7-71 星期二	(考試來臨 3)	今天放學回家,吃火腿蛋飽,因為明天便是考試了,第一天考英文,健教,我便溫習,今天下很大的雨,到了下午大時我和媽媽接弟弟迎返來,今天鍾保榮送了一架飛機給我,因為他要去英國了,我在這裏一說:(李秋明是三月十五日去英國的)我又聽到朱昌仁說:上星期的星期六(六月二十九日)的地球保衛戰是說汽球怪獸的,今天晚上很早睡覺。

FLYING CAT

每日例話	6-7-71 星期二	飛天貓

飛天貓 ①

食族怪

① 球的餅都變食怪吃 這麼太空食怪! 我要專打敗食怪! 來吧!

② 飛天貓由空地飛出!

③ 我要吃飛天貓! 飛天貓來了? 看火球! 別怕的!

什記	6-7-71 星期二	洪荒時代 (第一集) (三葉蟲)

洪荒時代 ①
—— 三葉蟲 ——
在五億年前......
我們在海邊的淺水裏可以看到許多東西,如珊瑚,水母

和貝類等,還有一種形狀奇特的小動物,在游泳,這種東西科學家們叫做三葉蟲,(三葉蟲是那時候最大的動物,最大的

不過一尺長,最少的二寸長)最後的一隻三葉蟲早在三億年前死掉了。

(下期)

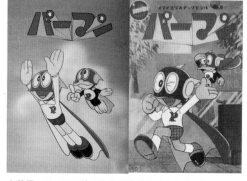

由藤子‧F‧不二雄原作的經典漫畫《神奇小子》，
當年我叫它《飛天貓》。

同學移英
臨別依依

【校園裏外】

自問非勤力學生，但學業成績不俗，僅個別科目如算術相對較弱。明天期終考試，當然要溫習。小學每學年設大考、小考，考核次數不算多，讀書的壓力不大。

同學鍾保榮把飛機玩具送給我，因為他亦快將移民英國。另一同學李秋明早於這年三月已移英，臨別前，我特意寫了一點感想給他，着實依依不捨。對當年我這個新界小童來說，英國遠在十萬八千里之外，預感大家將後會無期。所以，送別同學是傷心的經驗。

那時候很多大埔居民都移居英國，大概是親友之間互相援引，尤以定居利物浦、列斯（Leeds）較多，主要經營餐館。當年移民純粹為謀生，在那邊的生活挺刻苦，即使少年人亦然。我部份同學在那邊，所謂多個人多雙手，為支援家庭業務，甚至迫得放棄上學。

【漫畫創作】

這天畫了名為「飛天貓」的漫畫人物。那是仿倣藤子‧F‧不二雄的作品《神奇小子》（パーマン，Perman），當時算是較新的作品，我偶然在坊間的翻版漫畫書看到，被譯作「飛天貓」。我很喜歡這角色，於是繪畫出來，配上自己創作的故事。

日記寫了 20 天，我不斷豐富它，視它如自己創辦的報章雜誌。譬如介紹益智資訊，這天寫了「洪荒時代」，內容取材自閱讀過的課外書本。閱讀是我的一大興趣，漫畫書不消說，即使文字書也很投入，主要從圖書館借來閱讀。

22

1971 年 7 月 7 日 星期三

第二十二天 日記、	7-7-71 星期三	(買地圖)	今天是考試，放學回家，吃了東西後，到街上去，在同學書店買了一張世界地圖，一元五角，到了下午，因今天五時半映摔角比賽，所以沒有超人看，到了晚上，繼續溫習。
每日例話	7-7-71 星期三	(MAT) and 萬能人 (前文在47頁)	飛在天空！ ⑲　回到地球！　這是MAT總部　拿起一号机！ ㉓　萬能人被不一号机二只回到太空去。　把人頭拋到太空！ ㉑　多謝萬能人。
什記 會抱人的 溺屍 原著：普露斯·登波 ①	7-7-71 星期三	真實故事 第（五）篇	(新任警官的工作)我在海軍潛水學校畢業後，第一次就遇上最討厭的工作。那是打撈一星期前被颱風打沉的一千二百頓貨輪的船長的屍首。在沉重的潛水服裡真戰慄真後悔，不過已經太遲了。能沈在大十公尺的海底下，我的身體慢慢地沒入海底，四邊灰灰暗暗，不久腳巳經踏在海底的砂上。船在距離三十公尺外的岩石中間，梳掉約傾斜三十度我打開水中電燈照亮，兩隻腳好像挑了鉛塊重的鞋似的慢慢向沈船接近，各色各樣的魚在水中悠閒的游來游去。(下期)

世界摔角 比賽熱潮

【校園裏外】

正式考試的日子來臨，心情不緊張，下午還去逛街。跑到「同學書店」買了一張世界地圖，索價一元五角，並不廉宜，但相當大張。花錢購買，只因為能藉此鳥瞰式觀察，透視全球各地的輪廓，趣味十足。當年不懂得旅遊玩樂是甚麼一回事，純粹從求知的角度着眼，希望認識世界，多了解其他國家的生活方式。

《香港電視》內的摔角介紹

【課餘樂事】

逢週三下午五時半播放的《超人》片集暫停了，讓路給特備節目《冠軍摔角大賽》。當年，摔角比賽是城中熱話，轉播相關賽事更是電視台的焦點節目，甚受歡迎，普羅市民也因此而認識「君子馬蘭奴」、「迷魂鎖李雲」等摔角手。這天播出的是選輯自 6 月 28、29 日在跑馬地香港會球場舉行的第四屆世界冠軍摔角大賽。《香港電視》的封面報道標題為「摔角八雄來港爭霸」，當中包括「迷魂鎖李雲」，還有「黑魔寇蒂斯」等。當時沒有直播賽事，比賽過程經剪輯，由這天開始分成多集於下午五時半播出，每集半小時，連播多天。這類美式摔角賽已非單純的運動項目，而是經娛樂化，出賽者有背景、有故事、有綽號，被人物化了，結合包裝，帶動熱潮。我也樂得收看，看畢才溫習考試。

【漫畫創作】

這天再次繪畫「超人阿鄉」，樂此不疲。漫畫之外，我加入了「真實故事」——《會抱人的溺屍》，源自普露斯·鄧波的著作，是我從刊物讀到的，因為喜歡，於是搬字過紙，與同學分享。當時確實有這種心情，知道有一群同學讀者，每當遇上喜愛的內容，便想摘錄下來告知大家。所以天天都希望加入一些新鮮事物，令日記內容更豐富，有着報刊編輯的角度。這本日記是一個創作平台，自己費心製作，也做得開心，從中甚有得着。

摔角熱潮之下，
自然有出版不同的特

很受歡迎的摔角手「君子馬蘭奴」

23

1971 年 7 月 8 日 星期四

第二十三天 日記	8-7-71 星期四	（總續考試）	今天回到學校，繼續考試，今天是考算術、國語兩農業，到了下午，我把那地圖掛在家中，到了晚上看電視劇場「文鵑」。		
每日例話 青堡の頁（第一集）	8-7-71 星期四	青堡の頁 第一集 機器人洛保			
什記 特劇預告 「每日例話」將增加兩個新故事。 ①諜海雙雄 ②大特集	8-7-71 星期四 THE MAN FROM UNCLE 諜海雙雄 0011&002 (在61頁播出)	圖毛の紹～圖片介紹～ ③宇宙人 大特集④ 在63頁將列出（萬能人） THE SUPER MAN			

繪畫透視圖
挑戰自己

【校園裏外】

進入第三天考試。小學的考試一般歷時四天,每天
考兩至三科,今天是算術、國語及農業科。放學回
家後,把昨天買的地圖貼到牆壁上,狹小家居一側
淺窄的牆被它覆蓋了,看着怡然滿足。

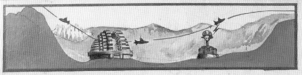

原裝正版的透視圖,
當年十分流行。

《玉面金剛》的港版漫畫，
也叫《諜海雙雄》。

【課餘樂事】

雖則是考試期，但繼續收看電視節目。晚上八時「電視劇場」
首播《父歸》。逢週四夜播出的電視台自製劇集，集數不一，
即使有多集，也是每週播出一集。這套新劇只有一集。報章
介紹為「哀怨悲劇」，講述一長者於故居外徘徊，因早年拋妻棄子，
年邁回歸，見妻兒生活安定，自慚無顏面進家門。由資深影人黃曼梨，
以及話劇界的鄭子敦、梁天、張之珏演出。當時電視台製作了不少具
文學色彩的劇集，包括改編中外文學作品，由古典名著到現代小說都
有，古裝、民初至時裝劇兼備，富有戲味，不失可觀性。

【漫畫創作】

這天的漫畫相當費心，畫了一幅「透視圖」，呈現機械人的內部結構。
我是看到小澤曉於六十年代推出的科幻漫畫《青之6號》（青の6号），
據之臨摹再現。這類「透視圖」當時頗為流行，該漫畫便有不少。基
於我酷愛科幻故事，透視圖鉅細靡遺展示內部構造，雖然不一定如實
反映，但看來像真，有種解剖真貌的科學感，相當有趣，於是模仿繪
畫。透視圖涉及很多細密的線條，很考耐性。

「雜記」欄目畫了多個怪獸頭。我平日猛啃漫畫書，怪獸圖像「入
晒腦」，信手便能畫出好一些。另外，預告電視將播映片集《諜海雙
雄》（The Man from U.N.C.L.E., 1964-68），該特務片集之前在麗
的映聲播出，譯名《玉面金剛》，無綫電視已是重播，我卻可當作新
劇看。片集由羅拔・韋漢（Robert Vaughn）及大衛・麥卡林（David
McCallum）演出，分演「玉面虎」與「金毛虎」，兩虎曾於1966年
訪港。

《青之 6 號》中的
潛水艇

《青之 6 號》
模型玩具廣告

| 1971 年 7 月 9 日 星期五 |

| 第二十四天
日記 | 9-7-71
星期五 | (林村遊記) | 今天是考試的最後一天，到了下午一時半，我便和林一鳴、李思道、李杏林、李萬鈞等，一同到林村去，這是因為鍾保榮後天便走了，所以開一個歡送會，我們又遊水，又燒雞翼和香腸，更喝汽水，一直到了下午六時才回家，到了晚上，吃雞，看雙星報喜禾合家歡等。 |

POPEYE

| 每日例話 | 9-7-71
星期五 | 大力水手
卡通故事 |

大力水手

卡通故事

第一集 — (海底歷險) —

盧子英·何萬勝

在海底有一架潛艇在航行 ① 哇嘩! ④ B-B-B-B ⑤

原來這是大力水手号 ② 原來…賊 原來是一隻大鳥 鳥賊走 ⑧

喜歡嗎? 喜歡增餅 當然喜歡 讓我放出電力。 ⑥ 是嗎?相比叔叔·鳥賊走 字幕 ⑨

| 什記 | 9-7-71
星期五 | 橡皮の① |

完成品

(搖搖雞)

材料？ 全都橡皮

大膽少年
獨自山澗嬉水

【校園裏外】

同學鍾保榮幾天後便移民離港。下午，相約數位同學赴林村燒烤聚會歡送他。林村那時甚具荒郊野趣，有花有草兼有小溪可暢泳。我們還是小學生，沒有成年人陪同下，獨自來到荒郊，其間還在溪澗嬉水，行徑相當大膽。我不懂游泳，但溪澗水淺，樂在其中。溪水清澈，赫然見到水下有一隻死雞，但卻照玩如儀；那邊廂我還取用山澗水沖泡利賓納飲用。我們玩至六時許才回家，開心的半天。

【漫畫創作】

這天繪畫了「大力水手」（Popeye the Sailor Man），即使是美國作品，我一樣喜愛。這部美國的早期動畫，由 Max Fleischer 改編自漫畫，當時電視台經常播放這動畫短片來填塞時間。這動畫短小精悍，不涉對白，主要靠人物動作表達，畫面有一定的複雜性，繪圖不失精細，風格、手法與日本動畫截然有別，提供另一種觀賞趣味。

這天的「雜記」介紹用擦字膠製作公仔玩意。我沒有玩泥膠，反而愛做這種手作。用的是一款經典擦字膠——膠身白色，印有字母，上方有一條窄長綠色邊，散發香氣。我把擦字膠切成不同形狀，然後用釘書釘把它們穿起，組砌不同形態，變成自創的公仔。

在西方歷史悠久的漫畫《大力水手》（Popeye），也有卡通短片。

| 1971 年 7 月 10 日 星期六 |

第二十五天日記	10-7-71 星期六	(盧先生探訪記)			
			今天回到學校,因為已經考完試,所以不用上課,不過又在課室玩玩,因他明天九時半便到美國了,(晚上)所以我送了一架上鍊跑車給他,到了一時半,榮蓮和盧志強也來了,我們便打麻將,打到三時,榮蓮勝了兆二角,鍾保榮一角,盧志強主角,便看地球保衛戰,(ULTRA Q)今次是說海狗篇,到了三時半,我們便踏單車,鍾保榮去盧先生家裏,我們一進門她就叫我們三人便上又給了很多相片給我們看,她還我們吃西瓜,她個同學到她家叫我們假期有空的晚上,便約我回到家裏,已是久時去看電視.影呢!,媽等又打麻將,又是榮蓮勝了.			

		THE ROBOT			
每日倒話	10-7-71 星期六	小機器人奇奇			
什記	10-7-71 星期六		暫	停	

THE ROBOT 小機器人奇奇 (大鬧玩具店)

1971 年 7 月 11 日第 26 日星期日的日記缺頁

今昔無異：
在大埔踏單車

【校園裏外】

考試完結了，這星期是長週，需要回校。放學時，鍾保榮出現了，送我一架上鏈跑車作「回禮」。之後與另外兩個同學湊夠「四隻腳」，齊來打麻雀。我們幾個小學生的興趣活動也相當成熟，最終互有輸贏，皆大歡喜。

【課餘樂事】

看罷下午的《地球保衛戰》，我和同學們前往踏單車。在大埔區，踏單車是相當常見的活動，周遭有適合踏單車的路段，交通也沒今天繁忙。寶華大戲院附近有單車租賃舖頭，假日不少人從九龍到來郊遊踏單車，時至今天，踏單車依然是大埔的熱門假日活動。當時我也是到店舖租單車，有陣子家居樓下也開設了單車店舖，方便得很。很早我便懂駕馭單車，當然只在住處附近流連。

黃昏過後，我們前往探望班主任盧老師。盧老師居於我家斜對面的一幢私人樓宇，環境甚佳，家居面積達千餘平方呎。老師向來歡迎學生到訪，這天便熱情招待，切了西瓜給我們享用。她着我們在暑假期間，相約其他同學到她家「看電影」，看的就是自家拍攝的「超八」家庭電影。

【漫畫創作】

之前畫過的小機械人「奇奇」又出場。當時尚未知道這人物角色的背景，只因為覺得有趣，便用來創作漫畫。畫得興起，漫畫太多，「雜記」只得讓路。日記就是如此機動。

埔經常踏單車，妹妹踏的是三輪車，照片可以見到大埔幼稚園，大埔官小同學都是在業。

| 1971 年 7 月 12 日 星期一 |

| 第二十七天
日記 | 12-7-71
星期一 | （大掃除） | 今天要返學，回到學校，又是考試看書和捉棋，十分開，放學回家，冰心在家，沒有事作，到了二時許，弟弟回來，到了晚上，我便收拾好書柜，一共收拾了個多小時，才收拾好，現在書柜很美麗了。今天的電港電視有芝麻街時報送。

香 |

每日例話	12-7-71 星期一	（太空魔星） 第一集 （前文在50頁）	軍此突然那的志強家去。 ⑫	B-B-B-B- 攝射到的光到鏡後 ⑬	哈，親妳輕了 ⑯
			已到了志強家 ⑪	果然複制出來了。⑭	讓我試試 ⑰
			停在放在桌上 ⑭ 在這裏	石俊拿了魔星離開去。⑮	我要一個機器人。 （下期）⑱

| 什記
（頭足類動物） | 12-7-71
星期一 | 洪荒時代
（第二集） | 洪荒時代②
~~~頭足類~~~
四億年前………一些比三葉蟲大得多的「頭足類」，在海洋裏出現了，現在的黑魚和就魚，都是「頭足類」動物。古代的頭 | 足類，身體外面都有一層殼。牠們的形狀，有些像現在的蝸牛，有的身體又直又長，像一枝鉛筆。可是我們決不會有那樣長的鉛筆，因為牠們的身體長二十 | 尺呢！不幸的三葉蟲，再也不能過著無憂無慮的生活了，這些體型大的頭足類，隨時隨地都在吞吃牠們。

（下期A） |

父親組切的
角鐵書架

【校園裏外】

原日記沒有跳過不寫。之所以偶有「缺頁」，源於我間中會繪畫一些較大幅的圖畫，後來遇上同學或移民或離校，我便把畫作撕下饋贈對方，背頁那一天的日記亦隨之失掉了。

這天星期一，考試成績尚未公布。暑假快到了，仍要回學校，沒有課堂，學生可以自由閱讀。

【課餘樂事】

我喜歡閱讀，雖然不會花費金錢買書本，但仍收藏了一點。家居面積細小，勝在有一處室外平台，類近大露台，有一列花槽，那兒的面積幾近與起居室相若。我們架起了帳蓬，作為起居室一部份，只消打開

我的《芝麻街》PVC 公仔珍藏

「摺枱」，便在那兒用餐。側旁放置了一個書架，是父親用角鐵拼砌出來的，供我放置書本雜物。書櫃日中堆放了不少書簿雜物，眼見凌亂，決心執拾。終花了個多小時整理妥當，自問算是有系統的人，平日也會執拾。

這一期《香港電視》附贈《芝麻街》特刊。該美國製作的兒童節目，將於 7 月 26 日起，逢星期一至五下午五時半在明珠台播出。此乃電視台的一件大事，無綫電視於 7 月中假文華酒店招待教育界及新聞界，該台總經理余經緯親臨致詞，公佈獨家播映這知名節目的喜訊，同場為來賓預映該節目。外界評論均嘉許該節目具教育意義，我對這節目自然期待。

《芝麻街》是超級長壽的兒童節目

1981 年《芝麻街》雜誌封面繽紛

February 1981
75¢
14243

CTW

SESAME STREET ®

MAGAZINE

LEIGH

| 1971 年 7 月 13 日 星期二 |

第二十八天 日記	13-7-71 星期二	(李思道來訪)	今天先在學校借了很多圖書回家看,到了下午,李思道來找家和我們玩,又幫我們買畫紙,到了五時半,看世界冠軍摔角大賽,看完了便看明珠台的(神鈷)卡通片,到6時半便在明珠台看萬能警官(CARTAIN NICE)片集,那是說一個人吃了一些藥水便會變成超人,十分好看又好笑,到了晚上看雌虎雙雄片集。

每日例話	13-7-71 星期二	小機器人 奇奇 (前文在56頁)	

⑨ 嘩,真多。
⑩ 噴, 芸蔴, 是
⑪ 玩玩也無妨。
⑫
⑬ 動起來了, 動起來有玩具
⑭ 哇兔呀
⑮ HELP!
⑯ 怎麼他們都走了.
⑰ 奇奇,你還不走, 有免呀!

什記	13-7-71 星期二	預告	
每日例話 二個新故事。	①巨無霸 在67頁 推出。 (第一集)火球L11号	②黑白金剛 在65頁推出。 (第一集)石龍拿國	巨無霸故事 黑白金剛

嘗試失敗
交又算了

【校園裏外】

雖然仍要回校，但沒有課堂，於是跑到圖書館閱讀消磨時光。學校的圖書館面積頗大，藏書充足，有各種兒童叢書，包括一套台灣出版的益智叢書，「洪荒世界」的內容也是從那兒讀來的。另外備有《兒童樂園》，漫畫當然沒有。我喜歡看書，但沒那麼多餘錢購買，往往是從學校圖書館借回家讀，日積月累讀了不少，既長知識，對加強寫作及表達能力都有裨益。

【課餘樂事】

這天有同學來我家嬉戲。我的同學大多居於大埔新墟附近，所以經常互相到對方家玩耍，同學的家居普遍較為寬敞。前文提到下午五時半播出的《冠軍摔角大賽》，除週末日，一直播出，今天仍在播放，足見當時的摔角節目很受歡迎，街外也有特刊發售。

《巨無霸》即是日本著名漫畫《鐵人 28 號》的香港版

雖然只能接收無綫電視，但除了翡翠台，還有明珠台，節目相當豐富。晚上六時看明珠台播出的《神貓卡通》片集（*Top Cat*, 1961-62），美國作品，只要是卡通，我就愛看。之後又看了片集《萬能警官》（*Captain Nice*, 1967），一部神化英雄喜劇，名氣不大，當年也獲得我讚賞：「十分好看又好笑！」然後轉回翡翠台看配音片集《雌虎雙雄》（*The Mod Squad*, 1968-73），這警匪片集相對有名，男女白人主角配搭黑人

男演員甚為經典。其後推出過電視電影《雌虎雙雄再顯神通》（*The Return of Mod Squad*, 1979）；及至 1999 年再有電影版。

【漫畫創作】

漫畫小機械人「奇奇」再次登場。「雜記」則預告新故事「黑白金剛」，是我的個人創作，另外還有「巨無霸」故事，沿襲自《鐵人 28》。讀過各種漫畫，有很多意念、構思，每每想到就去做，然而，落筆後發現無以為繼，卻無法修改，只好豪氣地「交叉算了」。並非認失敗，而是明天再接再厲。

《雌虎雙雄》當年十分受歡迎，兩男一女的幹探組合很新鮮。

我最喜愛的兒童雜誌《兒童樂園》

| 1971 年 7 月 14 日 星期三 |

第二十九天 日記	14-7-71 星期三	(跑車)	今天放學後,林一鳴和鍾偉文來我家,我向林一鳴借了一架藍色的電動跑車玩。到了下午,我又買了一盒飛行棋,回角錢一盒,到了晚上,看聲室之夜和萬能神探。

THE MAN FROM UNCLE

每日例話 星期三	14-7-71 星期三	諜海雙雄 0011 & 002	

諜海雙雄 THE MAN FROM UNCLE ① 森林爭霸戰

0011 蘇盧　002 伊莉亞

熊,熊!　金士高

安香克所在的紐約總部

讀出昔日這是801G加

D路線綠

金士高!

什記 星期三	14-7-71 星期三	預告	① 羽乙曰 小僧 (貓眼怪童)(第一話) (在74頁推出)	② 怪獸大進軍 長篇小說 ① (七彩) 宇宙怪獸來襲 (在78頁推出)	③ 讀者文摘 一九七〇年 大阪世界 博覽會 (七彩)(介紹大阪世界博覽會的情形)(在85頁推出)

「每日例話」將加三個項目:①貓眼怪劃第一話 ②怪獸大進軍(本故事續有整...)③在讀者文摘裏

怪獸已在推出一篇文章(一九七〇年大阪世界博覽會)。

怪獸大進軍的迎戰宇宙怪獸來襲

用鉛筆「策略性」畫漫畫

【校園裏外】

我和大部份同學都維持良好關係，今天就有兩位來探望我，當中林一鳴與我最投契，我倆無所不談，雙方的家長亦互相認識。我們不時分享對方的玩具、漫畫書，今天他把電動玩具跑車借給我。

這天花了四毫子購買了「飛行棋」。我愛棋藝玩意，卻不是正經八百的象棋，而是較非正統的，如鬥獸棋、波子棋，以至康樂棋。

【課餘樂事】

愛好閱讀的我，除看書，讀雜誌也是吸收知識的重要渠道。這天日記預告介紹大阪萬國博覽會，內容來自《讀者文摘》。我家沒有訂閱該刊，主要在圖書館借閱，該刊內容包羅萬有，廣及時事、小說、人物傳記及新知識，還有世界風景，配以彩色精印圖片，讀之甚為神往。曾讀過一篇〈人間仙境佛羅里達〉，以漂亮彩圖介紹該美國州份，包括海底珊瑚照片，是本地刊物看不到的，幾十年後的今天我仍記得。

小時候常常看《讀者文摘》，喜歡它內容豐富，印刷精美。

之所以把大阪萬博寫到日記，顯見相關報道之吸引。活動於 1970 年 3 至 9 月舉行，是日本繼 1964 年東京世運會後另一次面向國際的盛事，大肆宣傳，是那個年代的世界大事，影響深遠。我們身處香港也接收到相關資訊，引發普羅大眾的好奇心，經濟能力許可的，甚至越洋前往旅遊觀賞。

【漫畫創作】

當年，墨水筆是少年學子常用的文具，校內的功課，老師往往要求用墨水筆完成。因此，我也用墨水筆畫漫畫。這天較特別，改用鉛筆畫，只為方便修改。這次是與同學何萬勝合作繪畫，他也是「畫得」之人，我們時有合作。二人合繪屬於大製作，但容易出錯或不配合，若用墨水筆就無法修改，鉛筆則可以擦掉重繪。圖畫完成後所加的文字由我操刀，故仍然用墨水筆。

我很「上心」要把「日記」豐富，這天的「雜記」有三個預告，越來越大堆頭。可是，我的個性稍急進，看到有趣、富玩味的內容，便快快開筆繪畫，持久性有時略遜，變成空有頭威，甚至爛尾收場，特別是畫來發現難以應付的，只好中止。預告之一是推出長篇小說《怪獸大進軍》，另一則是介紹「1970 年大阪萬國博覽會」，取材自《讀者文摘》。

大阪萬博覽會中的英國館

《玉面金剛》的兩位主角

《玉面金剛》的日本版漫畫在港也大受歡迎

）年大阪萬博開幕禮

| 1971 年 7 月 15 日 星期四 |

第三十天 日記	15-7-71 星期四	（失敗）	今天放學回家，到了一時，林一鳴來我家， 我們一起錄音和玩，到了三時，爸爸回家 ，福頭和我們一起玩飛行棋，到了四 時，媽媽買了西瓜回家吃，我本想用 橡皮做一個機器人，可是太小了所以失 敗，我做的方法將會在（橡皮①③）裏 說明，到了晚上，看電視劇場「西施」 和聯邦密探隊片集（THE FBI）到了晚上 十一時許才睡覺。
每日倒話	15-7-71 星期四	大旋風 ③ （前文在51頁）	
什記	15-7-71 星期四	圖片介紹 第四輯	~圖片介紹~ ④新怪獸

1971 年 7 月 16 日第 31 日星期五的日記缺頁

第一個彩色電視劇
《西施》

【校園裏外】

同學林一鳴又來訪，我們把玩錄音機。那台小型錄音機，能把聲音收錄，繼而重複播放，在當年屬新鮮玩意。父親購買這台錄音機，源於學習英文，那時流行的自學英文教材「靈格風」（Linguaphone），會通過卡式盒帶的錄音示範讀音，讓學習者聆聽練習。

【課餘樂事】

父親放工回家後，鄰居友好福兆來玩耍，繼之母親也回來了，還買了西瓜消暑，時值盛夏，吃得開心。

晚上自然是電視時間，上週僅一集的《父歸》播畢後，這星期「電視劇場」推出《西施》，共七集，每週播一集。殷巧兒飾演西施，梁天、陳有后、鮑漢琳等劇壇中堅合演。這是當年的大製作，《香港電視》介紹「推出彩色製作歷史名劇」，這是無綫電視首個彩色製作的劇集。我家雖只有黑白電視機，但沒打緊，劇集依然吸引。

【漫畫創作】

這天繪了「小旋風」故事，還有「怪獸」。同時，又介紹用擦字膠組砌機械人的步驟。可惜，我把擦字膠切得太小，無法砌出機械人。雖則失敗，我卻沒有氣餒，把步驟寫下來，鼓勵自己失敗再嘗試，深信定有改善方法。

大家都玩過的飛行棋

32

1971 年 7 月 17 日 星期六

第三十二天日記	17-7-71 星期六	(自製模型)	今天不用上課,在家玩了一會,今次冰心考第二了下午,我造了一個架太空船的模型玩具,是用橡皮做的,十分有趣,到了下午三時,看地球保衛戰 (ULTRA 牛Q) 片集,今次說蜘蛛男爵,十分恐怖,是說志平等到了一間古老的別墅,原來是蜘蛛男爵住的屋,有兩隻大狼蜘蛛,真是好看,看完了便看粵語長片,人海孤鴻,是由李小龍等主演,十分好看,後來我又造多一套玩具,是一個小機器人,又是用橡皮造的,到了晚上,看花王俱樂部等節目。

每日例話	17-7-71 星期六	黑白金剛	BLACK and WRITE 黑白金剛① 貓人 在一個黑夜, ①

黑白金剛
BLACK and WRITE
①貓人

什記	17-7-71 星期六	圖目介紹 第五輯	~圖片介紹~ ⑤新怪獸 水日生怪 砂王

電視播映名作
《人海孤鴻》

【校園裏外】

星期六這天，妹妹就讀的學校放榜，較我的學校早。她回校取成績，考得第二名的佳績。我們倆的讀書成績不俗。

【課餘樂事】

對於畫漫畫、做手作等，我是鍥而不捨的，這天我再接再厲，用擦字膠砌出了飛船。

下午觀看《地球保衛戰》後，緊接捧「粵語長片」的場，戲碼是《人海孤鴻》（1960）。不少人指該片從未在電視播映，我的日記記錄說明是有播過的，記憶中更不止一次。早年電視台播過很多有名的舊片，後來卻甚少放映，也沒有推出影碟，像陳寶珠的幾部「女殺手」電影。當年父母較少帶我們去戲院看粵語片，很多是後來在電視補看的。

《青蜂俠》電視片集是李小龍在美國的代表作之一

回到 1971：香港小學生日記

對於《人》片，我特別記下「由李小龍等主演，十分好看」。時為
1971 年 7 月，李小龍回港拍攝的第一部電影《唐山大兄》於這年 10
月底才公映。我從電視看《人》的那一刻，他的人氣仍非日後般強。
當然，他在美國參演片集《青蜂俠》（*The Green Hornet*, 1966-67）
已帶來相當的知名度，回港拍片又備受關注，我對他也有印象。

【漫畫創作】

原想推出自行創作的「黑白金剛」，但沒有用鉛筆起稿便匆匆落筆繪
畫，原定畫三格，奈何失敗，只好「交叉算了」。

李小龍主演的彩色經典電
影《人海孤鴻》，我有幸
擁有殘缺的電影海報。

監製 白

連載 根據 高 馮 李 李 白 吳

人海

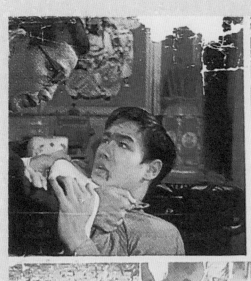

小說 歐陽天 導演 李晨風

狂鴻

| 1971 年 7 月 18 日 星期日 |

| 第三十三天
日記 | 18-7-71
星期日 | （恐佈片） | 今天不用上課，早上十一時半看七海遊蹤，今次介紹南北極之海，到了下午，三時看芝麻街樂園，很好看，到了晚上八時，看青春火花等節目，到九時半又看首映名片，今次過住家的片名是（魔宅魅蹤）內容有三個故事，都和畫有關，十分恐怖，看完了又看一劍走天涯，直到深夜才睡覺。 | | |

| 每日例話 | 18-7-71
星期日
~宇宙怪獸~

宇宙怪獸
160一GR
 | (怪獸大特報) | 怪獸大特報
⑤

宇宙怪獸 | 性能：頭放死光，尾有大鉗。

高度：一百六十公尺

重量：四十噸

來源：宇宙微生物，由火箭帶來的。 | |

| 什記

（蠍子）
 | 18-7-71
星期日 | 洪荒時代
（第三集）
~蠍子~
四億年前……
除了頭足類之外，漸漸的，海洋裏又出現了一些身體盤 | 洪荒時代③
很大的蠍子，現在的蠍子，身體都很少，在我國大陸的北水中，方很多，是一種生在陸上的動物，古代的蠍子，最大的 | 從頭到尾有九呎長，牠們生活在水中，捉小魚和三葉蟲吃。
（下期） |

《芝麻街》
初進百姓家

【課餘樂事】

賦閒在家，暑期作業往往推到最後一天才做，試過趕不及，決定開學當天的晨曦一早起床完成，更預早籌謀，把作業塞到褲頭，萬無一失。奈何夏夜炎熱，作業簿被汗水濕透，功虧一簣。

繼續看電視。《七海遊踪》這一集介紹南北極海，十分精彩。如前述，美國兒童節目《芝麻街》將於 7 月 26 日首播，往後逢週一至五下午五時半在明珠台播出。無綫電視大力宣傳，除透過《香港電視》介紹，更特別於這天下午三時至四時，在翡翠台播出《芝麻街樂園》，我自然不放過。

《芝麻街》於 1969 年底開始在美國播出，一個益智的兒童節目，以生動有趣的手法教授英文、數目。節目運用活靈活現的布公仔人物主持，活潑可愛，同時加入卡通，又有歌唱，寓學習於娛樂，教人着迷。在明珠台播出時，固然不會配音，亦沒有加添字幕，我依然看得津津有味，超級喜愛。節目沒有冗長的說教，卻富有教育意義，把知識輕鬆的滲透，給孩童重要的學習啟蒙。

小童節目固然享受，轉個頭我又可以投入大人的節目。翡翠台晚上九時半的「首映名片」，播出西片《魔宅魅踪》（Night Gallery, 1969），屬電視電影，沒有在本地戲院公映，名副其實首映，由老牌影星鍾・歌羅馥（Joan Crawford）演出。此乃恐怖片，由三個靈異故事組成，氣氛駭人，其中一段由史提芬史匹堡執導。看罷此片，十一時二十分的《一劍走天涯》我繼續觀看，不過這片集頗為暴力。

《宇宙大怪獸基拉拉》的日本怪獸片，香
作《大怪獸橫掃東京》，我看過後深受其
獸造型的影響。

| 1971 年 7 月 19 日 星期一 |

第三十四天 日記	19-7-71 星期一	(考到名次)	今天回到學校,林百芸考第一,說去露營是七分,放學回家,買了香港電視,到了九時半和福頭們一同去看	是派成績表,原來我考第四,巫慕蓉第十,後來校長又和我他們說,七月二十八日(星期三)上午十一時,集合,和冰心玩,大時媽媽回家,買	來我考第四

BLACK & WRITE

每日倒話	19-7-71 星期一	黑白金剛 No. 1			

BLACK and WRITE

黑白金剛 ①

石龍子孵卵

| 什記 | 19-7-71 星期一 | 真實故事 第(五)篇 | 多美的一幅畫!如果不是這討厭的工作,不知要何地興奮。爬上岩石上的欵船上,我先看甲板,再看看駕駛室,兩處都是空空的,據被 | 救的船員說:船長命令全體船員上救生艇疏散後,自己一個人回到船裡,大概是要取回重要文件。如果這樣,那麼他應該是在船長 | 室,因此我就下樓,進入船那部份裡戰戰競競,怕恐會過上死屍,可是我的任務就是要把屍首打撈上來。(下期) |

會抱人的

溺屍

原著:普露斯·鄧波 ①

在大埔古宅
紅樓嬉玩

【校園裏外】

放榜日終於來到，這一學期我考獲第四名，在我而言，屬表現失準。第一名由我這一屆的校花林百芳取得，一位束長髮的標致女孩。我倆的成績不相伯仲，第一名往往是我倆之爭，但我們非競敵，而是友好的同學。

我們學校附近有一座帶中式建築風格的「紅樓」，有指是由抗日名將翁照垣興建，現已拆卸。林百芳居於紅樓旁的一座單幢平房，呈長條形的建築相當別致，外圍更有一片小小的空間，設有水池。因我們熟絡，我不時到她家玩耍。該平房可算坐落於紅樓的範圍內，紅樓部份地方我們也可以前往嬉戲。我估計她的家人應與紅樓主人有關係。

這一次考試我得到第四名，
已經算落後了。

回到1971：香港小學生日記

大埔官立小學的校花——
林百芳,也是我十分要好
的同學。

林百芳當年在我的
紀念冊中留言

前文提到有名額限制的旅行,將於 7 月 28 日成行。這次是三天兩夜
的宿營活動。

【課餘樂事】

鄰居友好福兆又來嬉戲。晚上,他與我們一起去看台灣片《我心碎了》
(1971),一部悲劇,童星紀寶如的催淚演出真箇教人心碎。當年台
灣電影風靡一時,這部文藝片於 6 月 10 日在市區的首輪戲院放映,
映了兩星期,總計取得不俗的六十多萬港元的票房。

【漫畫創作】

我創作的「黑白金剛」終於面世,反覆構思,最後畫成九格漫畫。

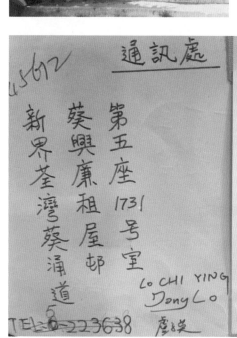

通訊處

第五座 1731 号室

葵興廉租屋邨

新界荃灣葵涌道5

LO CHI YING
Dony Lo
廬&笑

TEL：0-223638

記取童年歡樂時光

回到1971：香港小學生日記

| 1971 年 7 月 20 日 星期二 |

第三十五篇 日記	20-7-71 星期二	（散學禮）	今天回到學校，是散學禮，我一共得了三樣禮物，①書法比賽第三名，獎一打鉛筆，②歌詠比賽第二名獎二條毛巾，一條橙色，一條綠色，還有一枝筆和筆心。③英文詩歌朗誦比賽第一名，獎英文故事書一本，散學回家，慶志，強來我家，我們一起玩和錄音，到了晚上，弟弟還沒有回來，我們看雌虎双雄，看了歡樂今宵才睡覺。

| 每日例話

青堡の頁 | 20-7-71
星期二
（第二集） | 青堡の頁
第二集
青 堡 | （青堡の詳圖） |

出入青堡的方法

① 潛艇進入
② 閘開
③ 降保護水花
④ 強鋼頭

食水製造機　排氣口　潛艇
閘開開動機
CIC（中央局）
資料室
会議室
音信控制室
發電區
排水口

嚴閘

遊樂場
休息室
食堂
北

什記	20-7-71 星期二	預 告	①	②	③
什記將 增加三個 項目，包括 ①每週電 視，②日本故 事人物介	視。在69 頁推出。② 紙。在71頁推 出。③拼圖 遊戲。在73 頁推出。	紙。在71頁推 出。③拼圖	每週電視 介紹每週電視 裏的東西。 （69頁）	日本故事人物 介 紹 介紹日本故事書 的人物。 （71頁）	拼圖 遊戲 每次一幅圖片給 你拼圖。（73頁）

怕醜男孩
詩歌朗誦奪魁

【校園裏外】

學期末，舉行「散學禮」，同時頒發多個比賽的獎項，而我是三料得獎者：書法比賽獲季軍，獎品是鉛筆；如前述，歌詠比賽奪亞，得到毛巾、筆及筆芯作獎勵；英文詩歌朗誦比賽奪冠，獲得英文故事書。

這個冠軍是很難得的。老師經常挑選我參加活動，包括朗誦等須公開面向群眾的比賽。本身性格害羞，骨子裏卻愛唱歌、朗誦，其實有表演慾，猶幸參與這些比賽，縱硬着頭皮上場，卻給我機會磨煉，一步步克服怯場之窘。

【漫畫創作】

我再次繪畫「透視圖」。對小學生來說，好比大型解剖工程，線條、佈局都複雜，要有耐性、心思。選用鉛筆來畫，因為擔心出錯，方便修改。

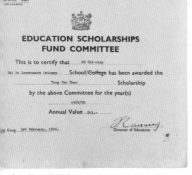

「雜記」的預告有三個項目，完全大堆頭格局。當時自己的心態是：「每天的日記我一定要做！」滿有意志要完成，像每天的「例話」，不斷構思該放甚麼內容。這些內容並非必然每一天完成，有時候是經過思索，過後回頭補充的，自知只要寫下來，就會有讀者閱讀。

（上圖、中圖）小學生當年必備的筆袋，內有墨水筆、鉛筆和擦字膠等。

（下圖）我都算是勤奮的小學生，不時拿到獎學金，雖然金額不高。

125

36

1971 年 7 月 21 日 星期三

第三十六天 日記	21-7-71 星期三	(達 達)	今天是放暑假的 第一天，當然不用 上課，媽媽和

今天是放暑假的第一天，當然不用返工，弟弟要星期日才回來，所以只有我一人在家，我在家中玩玩東西。到了五時半，看超人 (ULTRAMAN) 片集，今次是說三面怪獸 (達達) 的，內容是說他們要拿六個人類標本，便派一個星球人到太空，吉田立刻變超人來打他，今次超人出最多一下大，一下小，大家鬥打，後來超人用珠光把他打致死了。到了晚上，看蟹之夜等節目。媽媽又換了二套利賓納圖片給我們。

每日例話	21-7-71 星期三	(怪獸大特報 ～大蚊蛛～	怪獸大特報 ⑥	性能：有八隻腳，口吐

大蚊蛛

100公尺

大蚊蛛

性能：有八隻腳，口吐絲。

長度：100公尺

重量：二十噸

來源：火前怪獸。

什 記	21-7-71 星期三	每週電視 (一)	·達達·	·魚怪·
每週電視①	·達達·	21-7-71		
超人片集	·魚怪·	23-6-71		

飲品送贈
益智圖片卡

這是當時
得到的「家長會」
獎學金，金額有港幣十元。

【校園裏外】

第一天放暑假。早上起來，母親帶了妹妹外出，父親也上班了。只有我一人在家，選擇看電視。逢週三下午的《超人》必不能缺。

入夜後，母親回來，她換了利賓納飲品餽贈的圖片卡，共兩套，我和妹妹各一。圖片卡製作精美，我很喜愛，開心不已。該圖片卡一面印上圖畫，附常識問題，背後載答案，讓小朋友一起進行問答遊戲。這類有益食品、飲品偶有送贈益智贈品，有得玩又長知識，是小朋友難得的學習資源。

【漫畫創作】

這天畫了大蜘蛛，另外又畫了兩集外星怪獸，都是《超人》片集中的破壞者，我只是憑觀看時的記憶，背默式的重繪出來，難免會加入自己的創作。

《超人》片集中令人印象
難忘的三面怪獸「達達星
人」。

| 1971 年 7 月 22 日 星期四 |

| 第三十七天 日記 | 22-7-71 星期四 | (第二颱風) | 今天是打風,掛起五号風球,今天早上原來有電視看,我們一開,原來是映超人,是重播第一集。是說,超人追怪獸追到地球,可是不小心撞死了吉田,超人便把自己寄到吉田身上,吉田便可變成超人了,那隻怪獸是宇宙怪獸丹寧,超人用珠光把它打死。跟著便映快樂天地,也是重播第一集,十分好看。到了大午,因沒有事做,所以便和媽媽一同打麻將,今次我輸了30到3,晚上,看西施筆節目。 |

| 每日倒話 | 22-7-71 星期四 | Q太郎回 公仔節 (前文在48頁) | |

(漫畫對白)
- ③⑥ 定是真的
- 呀...我想要一要... ⑤⑨
- ⑤② (群像)
- 吧,這此明白了,好 ⑤⑦
- 出...好吧,被你認 變! ⑤①
- ⑤⑨ ⑤③ 吧?
- 甚麼? Q仔!叫我來做 ③⑧
- 變! ④①
- 這樣多夠了 ④⑨
- 睇到眼也花了 下期 ④④

| 什記 | 22-7-71 星期四 | 每週電視 (二) | ·丹寧· | ·彗星怪物· |

每週電視 (二)
超人片集
·丹寧·22-7-71
·彗星怪物·30-6-71

五號風球下的暑假天

【課餘樂事】

早上發現五號颱風信號已高掛。心知電視台為配合播放風暴消息，必然提早開台，加插重播節目，於是立刻開啟電視，看了《超人》、《快樂天地》。然後一家人又來一回打風例行消遣活動——打麻雀。這次不如上一次，自己輸掉了。晚上看「電視劇場」《西施》第二集。風暴下的暑假日子就是這樣過。

這次颱風名「露茜」，截至當天計，報章稱為「今年以來最強烈而正面襲擊本港的一股颱風」，個別報道憂慮較溫黛更厲害。五號風球於22日凌晨三時高懸，及至中午十二時，改掛六號風球。隨後風暴掠過香港，猶幸沒有造成嚴重破壞，卻帶來豪雨。下午四時半改發三號風球。

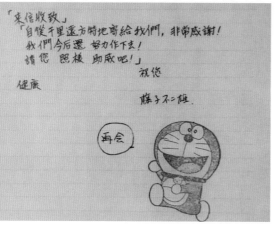

八十年代有幸在日本探訪《Q太郎》和《多啦A夢》的原作者藤子不二雄・A和藤子・F・不二雄兩位，當時我向他們展示我的日記，他們大嘆意想不到，之後一直有保持聯絡，而且收到他們用中文撰寫的信件。

| 1971 年 7 月 23 日 星期五 |

| 第三十八天
日記 | 23-7-71
星期五 | ①看電日⑨
(看放映) | 今天早上，不用上學，媽媽和冰心去街，爸爸返工，只有我在家，後來冰心回家，還帶了一杯杏仁露。到了下午六時半，媽媽道沒有回家，我和冰心七時半便要到盧先生處看電影，到了七時十五分，媽還沒有回家，我和冰心便錄了音告訴她，我們到了盧先生家，原來只有盧紹元到來，後來林百吉、慶志、強等也來了，我們先吃蛋糕，再看放映，十分好看，是映大阪博覽會和日本的風光片，而且是七彩，到了九時半才回家，見到媽媽。
彩，到 |

| 每日例話 | 23-7-71
星期五 | 黑白金剛
No. 2
(前文在67頁) | |

| 什記 | 23-7-71
星期五 | 日本故事人物
介紹 | |
| 日本故事人物
介紹 ① | | ① 河童の三平
② ゲゲゲの鬼太郎 | |

私人影院看大阪萬博

【課餘樂事】

家人都外出了，依然只有我一人留在家。之後妹妹回來，我寫下她「帶了一杯杏仁筒」給我，就是「甜筒」雪糕，上方撒下碎花生、杏仁片那種。

黃昏過後，我和妹妹要到盧老師家中看電影，奈何母親遲遲未返，總不能一走了之，必須有交帶。我們善用「高科技」，用錄音機錄下信息給母親，可是，高科技也必須低科技配合，所以要寫下字條着她開啟錄音收聽信息。

1970 年大阪萬博的導賞地圖（並見後頁圖片），當年我沒有機會去參觀，後來由一位朋友轉贈給我。

因應盧老師的建議，我們多位同學相約到她家看電影。盧老師熱情招待，買了雪糕給我們享用。她與我們分享的「超八」影片，是她和丈夫帶同孩子飛往日本參觀大阪萬國博覽會的記錄。盧老師安排我們到她的睡房觀看，環境較暗。經剪輯的短片長約 20 分鐘，是彩色片，影像投到牆壁上。當時一般家庭少有裝置冷氣，老師的睡房則有，溫度調得頗低，教我越坐越寒，以至沒心情觀賞影片。如前述，大阪萬博受各方關注，除老師外，我的一位黎姓同學也有機會越洋前往參觀，教我羨慕不已，也希望能親臨盛會。這同學回來後，送了大會的紀念手帕給我作禮物，其上繪有會場的地圖。

【漫畫創作】

「雜記」欄開展了新項目——日本故事人物介紹。
當時我已經開始看日本的原裝漫畫，較先前只讀本
地翻版書，走前了一步。當時每個月家長會帶我
們乘火車到旺角遊逛，在奶路臣街一帶有很多沿街
擺賣的書檔，發售林林總總的二手書刊，只要細心
選，會有好東西。我在那兒發現有原裝日本漫畫發
售，雖是二手貨，我卻如發現新大陸，父母也會買
給我。雖然不懂日文，但無礙細味內容，更會依樣
寫下文字，把鍾愛的人物圖像繪畫下來。

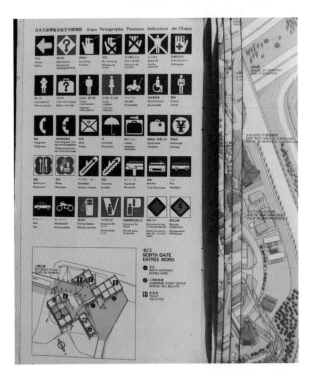

博覧会を開催するにあたり、

世紀の祭典を記念し、この公

た。

日本の最高水準をゆく製図・

地図の表面では会場全体をく

とらえ、裏面では日本と世界、

してあります。

みなさん。このガイドマップ

っくりとごらんになり、そこ

知恵と、次の世代への希望と

いただきたいと存じます。

象三

, the Japan Association for

for Expo'70 in commemo-

of drafting, photo-engraving

this Guide Map which illus-

outside, while on the inside

location of the Exposition

and from abroad, to see the

culture and industry which

g generation.

WORLD EXPOSITION

AKA

jamais tenue en Asie, que

a publié ce plan-souvenir

e.

de photogravure et d'imprs-

n montre, à vol d'oiseau, le

nsi qu'une carte du Japon,

o en relation avec le Japon

einement de l'Expo, grâce à

tra de percevoir l'espérance

ons futures.

POSITION UNIVERSELLE DE 1970

AKA

Kenji Iwasaki

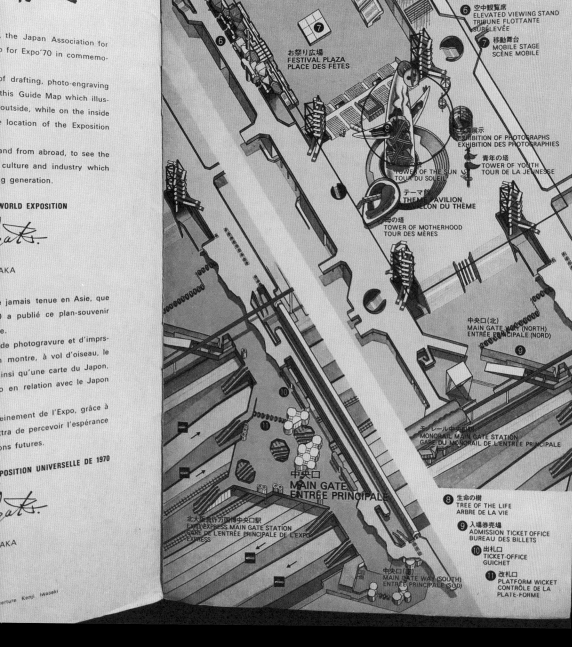

シンボルゾーン
SYMBOL AREA
ZONE DU SYMBOLE

① 水上ステージ
FLOATING STAGE
SCÈNE FLOTTANTE

② 電光案内板
ELECTRONIC INFORMATION BOARD
TABLEAU D'INFORMATIONS ÉLECTRONIQUE

③ デメ
ENTERTAINMENT ROBOT (DEME)
DÉMÉ

④ 移動観覧席
MOBILE VIEWING STAND
TRIBUNE MOBILE

⑤ デク
SUB-CONTROL STATION ROBOT (DEKU)
DÉKOU

⑥ 空中観覧席
ELEVATED VIEWING STAND
TRIBUNE FLOTTANTE SURÉLEVÉE

⑦ 移動舞台
MOBILE STAGE
SCÈNE MOBILE

万国博ホール
EXPO HALL
THÉÂTRE DE L'EXPO

天の池
HEAVEN POND
ETANG CÉLESTE

お祭り広場
FESTIVAL PLAZA
PLACE DES FÊTES

写真展示
EXHIBITION OF PHOTOGRAPHS
EXHIBITION DES PHOTOGRAPHIES

青年の塔
TOWER OF YOUTH
TOUR DE LA JEUNESSE

太陽の塔
TOWER OF THE SUN
TOUR DU SOLEIL

テーマ館
THEME PAVILION
PAVILLON DU THÈME

母の塔
TOWER OF MOTHERHOOD
TOUR DES MÈRES

中央口(北)
MAIN GATE WAY (NORTH)
ENTRÉE PRINCIPALE (NORD)

モノレール中央口
MONORAIL MAIN GATE STATION
GARE DU MONORAIL DE L'ENTRÉE PRINCIPALE

中央口
MAIN GATE
ENTRÉE PRINCIPALE

北大阪急行万国博中央口駅
EXPO EXPRESS MAIN GATE STATION
GARE DE L'ENTRÉE PRINCIPALE DE L'EXPO EXPRESS

中央口(南)
MAIN GATE WAY (SOUTH)
ENTRÉE PRINCIPALE (SUD)

⑧ 生命の樹
TREE OF THE LIFE
ARBRE DE LA VIE

⑨ 入場券売場
ADMISSION TICKET OFFICE
BUREAU DES BILLETS

⑩ 出札口
TICKET-OFFICE
GUICHET

⑪ 改札口
PLATFORM WICKET
CONTRÔLE DE LA PLATE-FORME

| 1971 年 7 月 24 日 星期六 |

第三十九天 日記	24-7-71 星期六	(做書簽)

今天早上，沒有人在家，只有我，到了一時許，冰心才回家，我們一同看十二時半的粵語配音日片，是映(冰冷的銘口)十分好看，到了三時，看地球保衛戰，(ULTRA Q)片集，今次是映彩虹蛋「虹の卵」是說竹樹開花有不祥的事發生，果然有一隻大怪獸出現，他能令天空有一條金色的彩虹，還有一個金色的球，名叫「鳥球」，後來怪獸被中子飛彈打死了。到了四時，我做了一個書簽，十分美麗，我用來夾這本部的。後來我又做多一個紙水給冰心，兩個都是日本風光的，我的是日本風光，冰心的是安納杜魯堡的風光，我看電視知道，原來由七月二十九日開始，逢星期四下午五時便播映彗星女郎片集，我很高興，到了八時許，和祿頭一同打啟將，我勝了一元四角，我們又看名片精選，花到十二時，又看粵語配音西片。勝了豆零，冰心勝，神偷妹妹

每日例話	24-7-71 星期六	小飛俠③ 水晶球の謎 (前文在57頁)

電視上的
國際電影展

【課餘樂事】

喜愛做手工的我，這天做了兩張書籤，一張給自己，一張送給妹妹。
兩張都用上了地方風景圖片，是從雜誌剪下來的相片，我的別無二致，
選上了日本。晚上，與福兆、妹妹冰心一起雀麻耍樂，妹妹竟大獲全
勝，贏得一元四角，我也沒輸，獲得「斗零」（五仙）。時為七十年
代初，五仙也是錢，可以買到白粥、油條呢！

讀小學時我已是戲迷。這天從電視看了三部不同地區的電影。早上
十二時半，翡翠台的「粵語配音日片」節目，常選播老舊影片，這天
是《冰冷的槍口》（コルトが背中を狙ってる，1960），乃日活公司
的出品，沒有在港公映，葉山良二主演出，古川卓巳導演。我的評語
是「十分好看」。基於有觀眾詬病太多「粵語殘片」，無綫電視開始
選播一些相對新的粵語片，包裝為「名片精選」，這天晚上十時半播
出的，是 1969 年 3 月首映的《神偷姊妹花》，雪妮、馮寶寶及胡楓
演出。看罷我仍未累，深夜十二時播出的「粵語配音西片」也不放過。

日本怪獸電視片集的元祖
《地球保衛戰》（Ultra Q）。

| 1971 年 7 月 25 日 星期日 |

第四十天 日記	25-7-71 星期日	(還沒回家)	今天早上,我在街上拾了五元,後來冰心回家,和我一同看國語長片「仙劍神筆」,到了三時又看星球歷險記片集,到了八時,看青春火花片集。今天弟弟還沒有回家,不知幾時才回,今天全都和寶華都做恐怖片,全都做(冷血行屍)寶華做(群魔會)可是我兩都也沒有看,到了晚上,看一劍走天涯片集。
每日倒話	25-7-71 星期日	(太空魔星) 第一集 (前文在59頁)	
什記	25-7-71 星期日	砌圖 —— —— 遊戲	
砌圖遊戲之①			
(7份長方形)砌圖			

奇幻靈幻影像
處處聞

【課餘樂事】

前文提到在大埔時有在地上「執到寶」的妙事，這天又撿到錢，是一張摺起的五圓紙幣，不起眼，卻被我見到。這是很可觀的一筆錢，足夠買十盒五毫的模型。心情極佳。

下午繼續捧《星球歷險記》場，充滿奇幻構想，再次折服於創作者 Irwin Allen 的想像力。他的另一電視劇集《海底歷險記》（*Voyage to the Bottom of the Sea*, 1964-68）當時在麗的映聲播放，但我從相關模型玩具早已認識。Irwin 續在電影圈發揮詭奇創意，有「災難大師」（Master of disaster）之稱，災難片經典《海神號遇險記》（*The Poseidon Adventure*, 1972）及《沖天大火災》（*The Towering Inferno*, 1974）均由他監製，把歷險旅程與災難處境糅合，效果懾人，引人入勝。

當年戲院均面向大街，平日走過便內進看看有何吸引之選。這陣子區內兩間戲院同時放恐怖片，我都沒有觀看。金都映《冷血行屍》（*Horror of Frankenstein*, 1970），7 月 9 日在市區的戲院映首輪，落畫不久便來到大埔映

著名製作人 Irwin Allen
第一部冒險經典電視片
《海底歷險記》，當年
曾在麗的電視播映。

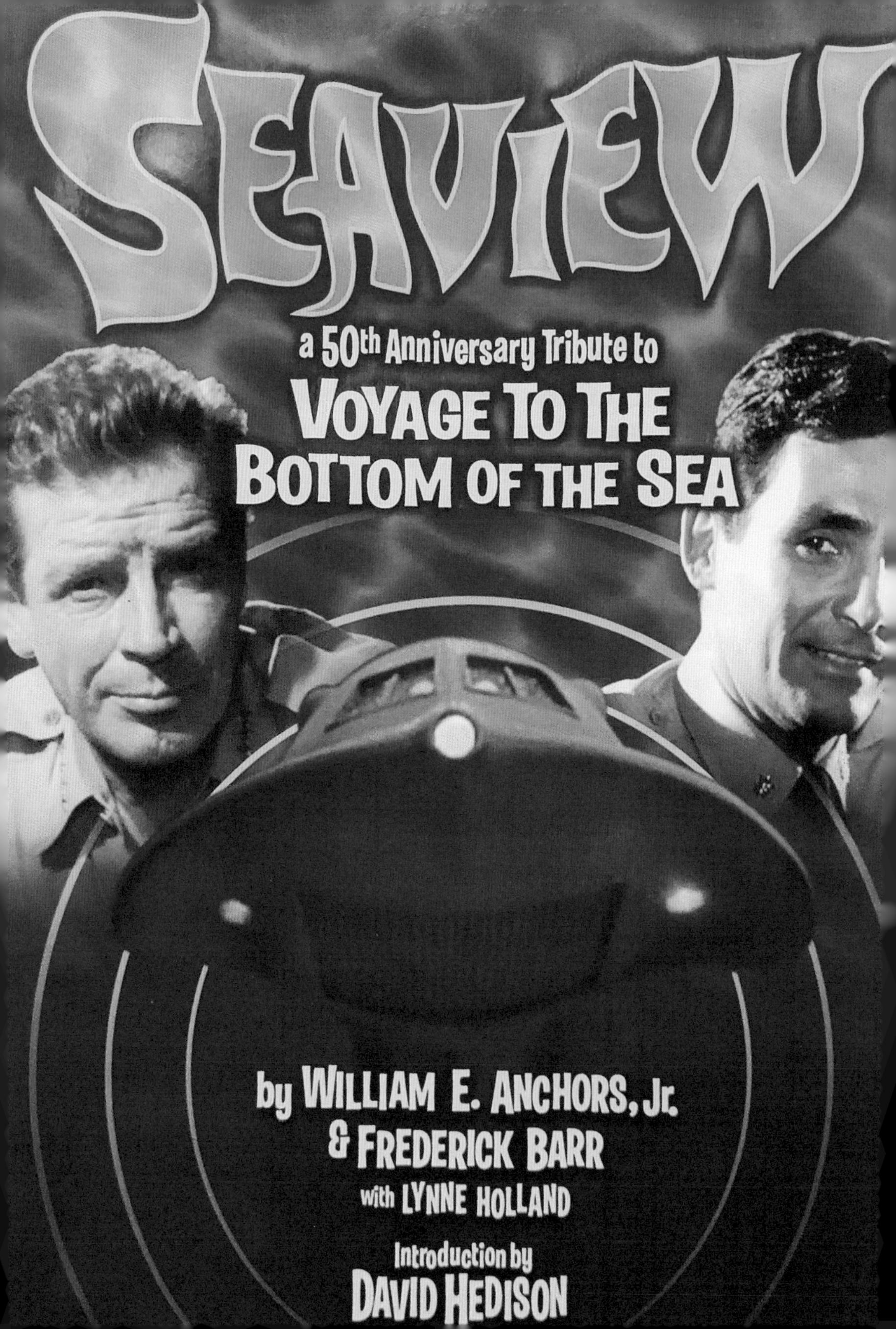

Seaview

a 50th Anniversary Tribute to

VOYAGE TO THE BOTTOM OF THE SEA

by WILLIAM E. ANCHORS, Jr.
& FREDERICK BARR

with LYNNE HOLLAND

Introduction by
DAVID HEDISON

《海底歷險記》的
主角潛水艇「海景
號」

二輪。反而寶華公映的歐洲片《群魔會》（*Los Monstruos del Terror*, 1970），1970 年 9 月已在市區的西片院線放映。該片把經典恐怖角色大雜燴，報章介紹直指「四大魔鬼齊集」，包括吸血殭屍、千歲人魔、午夜人狼和科學怪人。此片當年沒看的，後來補看了。有趣的是大埔僅兩間戲院，竟同期出現「科學怪人」（Frankenstein）。

【漫畫創作】

繪畫了「太空魔星」。可見我的生活裏裏外外都充滿奇幻，甚至靈幻的圖像及影像。

回到 1971：香港小學生日記

| 1971 年 7 月 26 日 星期一 |

第四十一天 日記	26-7-71 星期一 (拾貝殼)	今天早上，阿弟弟回家了，到了一時半，林一鳴來我家，他問我借遊泳褲，我說有，可是沒有一條合穿，到了三時，盧紹元和呂天倫來我家，他們和我和林一鳴一同到林百芳家去玩，我們又玩又採番石榴吃，十分有趣，到了四時許，林一鳴先回家了，我和呂天倫，盧紹元一同到沙灘去拾貝殼，我拾到二十八隻貝殼，其中有一雙十分美麗，他們書裏也比不上，我把它命名為「太陽貝」因它是紅色的，到了五時，我到理髮店，理髮，到了六時，媽媽買了香港電視回家，晚上看人海狂潮片集。

CAT EYES BOY

每日例話	26-7-71 星期一	貓眼 👁 👁 怪童

ね乙日小僧

貓眼怪童 (第一話)

水妖

① 玉箋市是一個水邊市	真奇怪，好像是石頭。	⑦ 我怎麼變了這樣。
② 海邊的風景真美麗	這石頭會走的！	⑧ 啊，我要水。
③ 地上的是甚麼東西	⑥ 它貼在我腳上了 啊⋯⋯	⑤ 唔，好喝。 ⑨ (下期)

什記	26-7-71 星期一	預告	每日例話在短期內將增加一個	七彩故事: (進入空傑)	第一集(金屬火龍)

1971 年 7 月 27 日第 42 日星期二的日記缺頁

少年人
破禁與守規

【課餘樂事】

同學林一鳴到來問我借游泳褲。我有兩條，他試過後都不合適，只好作罷。此事有點奇怪。

林一鳴的家境甚佳，居於兩層高的大宅，屬瓦面屋頂、大門入口設趟櫳那種古老大屋，其父在何文田還置有新式洋樓。該古宅樓底很高，加建了一層「閣仔」讓林一鳴作息。客廳放了一座鋼琴，平日他在那兒練琴，母親在旁看望。他是家中獨子，父母疼惜他的同時，也嚴加管束，比方不容許他參加一些帶風險的課外活動。這天他可能想瞞着家人自行前往游泳。既然裝備不全，他去不成。

鳴當年在紀念冊上留言

我和妹妹，連同他及另外兩同學，前往探望林百芳。她那位於紅樓旁的住宅，外邊有一片曠地，環境寬敞，還植有果樹，我們摘了番石榴吃。那時候的少年人還能夠享受這種非城市化的野趣。那處有一個沙池，雖是人工建的，但沙取自沙灘，從中可找到貝殼。我細心篩選，找到 28 隻較別致的，包括一對貌似青口的貝殼，粉紅色，我稱它「太陽貝」。

數十年，我和林一鳴仍有聯絡，他已移居美國，也數年前回港時與我的合照。

之後我去了剪頭髮。我很抗拒這事，因為想留長髮，並非過份的長，只想束當時人稱為「花旗裝」那種，分側界，髮腳到耳背那種。可是，母親必然要我剪「陸軍裝」，即僅長幾毫米的平頭裝。這天定然是她幾番催促我去理髮，沒法子要遵命。晚上看了美國片集《人海狂潮》（The Name of the Game, 1968-71），內容圍繞一家出版機構的人事紛爭。

【漫畫創作】

推出了新連載「貓眼怪童」，源自楳圖一雄的經典作之一《貓目小僧》。我從翻譯漫畫看到。作者的畫功了得，線條優美，成功營造恐怖氛圍，故事構思上乘，甫閱讀便覺得精彩，即使小學生也懂欣賞，於是抄錄過來。

值得留意「預告」，公佈將增加「七彩故事」。「七彩」，對當時的小孩子，甚至成年人，都是迷人的。當年人的生活，絕對沒有現代人那麼有「色彩」，指真實的顏色。早年的電影、照片、報刊，以至電視，全部是黑白的，後來才慢慢添上顏色，見證時代變遷。當年我們翻閱全彩色印刷的《兒童樂園》，體會到有顏色遠較黑白或單色吸引得多。

大埔「紅樓」，每天從小學返家途上一定會經過，而林百芳就是住在附近。

日本恐怖漫畫大師楳圖一雄的傑作《貓目小僧》，香港譯作《貓眼怪童》。

第四十三天 日記	28-7-71 星期三	(露營記①)	今天早上，預備好一切東西，昨晚的沙也沒有了，到了11時，便到林一鳴家去吃飯，吃完了便上火車站，一會大家也到齊了，我們便乘坐十一時半的火車出發，我們一直到了尖沙咀，便乘坐二架車出發，一直到了目的地，是英皇佐治五枝，K.G.V.S. 那裏有二個老師管我們，兩個都是女的，第一組姓劉，第二組姓奇，我是第二組，一會大家放好東西，便到摩士公園去游泳，一直到了四時，再參觀香港電台，香港電台是在電視台之下，我們全座都看過了，我們並知道原來香港電台現正在製作一些電視片集，我們在本年十一月便可以看到了，參觀完了便回寄去，便回營地去，到了六時半，是晚飯的時間，今晚的飯菜很豐富，吃完了便洗澡，到了晚上，奇先生放一些映片給我們看，是關于自然的，到了十時便睡覺，因地方不習慣，所以很在才睡覺。
每日例話	28-7-71 星期三	小機器人 奇奇 (前文在60頁)	

我暈啦！ 18

先生！是真的警察 17

不用怕，我有力 21

唉，是怎麼？ 19

看！我吧，讓給我看 22

沒有異樣！ 25

原來是這樣！ 20

幹麼？奇，輕聲點 23

(下期) 26

宿營之旅啟動：
參觀香港電台

【校園裏外】

前述有名額限制的旅行終於來到，或因涉及贊助，故設名額。這次是宿營活動，我第一次參加這類活動，三天兩夜的行程相當豐富。昨天執拾行裝時，莫名的有沙子入眼，擾攘老半天也沒弄妥，很辛苦。幸好睡一覺後沒事了，無礙活動。

這天先到林一鳴家會合，還留在他家用午膳。其間他媽媽發現我穿的襪子，襪頭一隻高一隻低，便着我弄好它，可以想像他對兒子的行為

舉止如何要求嚴格。餐後我倆到火車站會合其他同學，前往位於何文田的英皇佐治五世學校，緊接的兩晚就在此度宿。該校校舍於 1936 年落成啟用，地方很大，富古典美。

香港電台總台，多年後我也成為了港台的一份子。

安頓過後即展開活動。先到摩士公園的游泳池暢泳，當時公眾游泳池不多，感覺新鮮，雖然不懂游泳，我也照樣嬉水。四時，前往香港電台參觀，了解整個播音過程，我們更有機會試咪，前所未有的體驗，新奇又好玩。他們提到已開始製作電視片，將於該年 11 月播出。那是指教育電視片，料不到多年後自己會參與這方面的工作。日記寫下：「香港電台是在電視台之下」，大概我意識到兩個台在廣播道上的位置。

在留宿的學校用過晚飯後，獲安排在演講廳看影片，他們架起銀幕，放映了一部 16 毫米的自然紀錄片。十時，大夥兒便要睡覺。當時還有其他學校的隊伍在該處留宿，不同課室放置了床鋪供大家休息。置身陌生環境，遲遲未能入睡。那兒沒有風扇，窗戶打開了，透進涼風，我的床正對着窗戶，只見外面暗黑天空下樹影搖曳，那氣氛真令人難以安然入睡。

位於何文田的英皇佐治五世學校，
當年我和一班同學就是在此宿營。

| 第四十四天 日記 | 29-7-71 星期四 | (露營記回) | 我早上，由許國輝叫我起年，洗澡後，到了八時便吃早餐，較的早餐是吃粥和炒麵，吃完了到九時半，便坐車參觀魚菜市場，參觀完兩司殼德機場去，我們到過每一部分，連賣賣室也到過了。在日營地吃午餐，吃完又參觀洵大公司，我們每人喝了一支綠寶汽水便又到庫士會同游泳，到了六時半，吃晚飯到了八時半，便坐車參觀戲（歡樂今宵）原來播映室是很少的小的，不像我們平常看電視的大，那裏有三個電視，兩個黑白的，一個是彩色的，他們沒有聲音，我們參觀只有一半人參觀，一半昨晚已去過了。原在觀眾上有一個燈牌，寫着請鼓掌，一着燈我們便鼓掌了，看完了坐車回去，我們又睡不着，大家在談笑，我們又把床移來移去真是有趣。 |
| 每日倒話 | 29-7-71 星期四 | 怪獸大進軍① 《宇宙怪獸來襲》 | (七彩) 怪獸大進軍 之① 在地球太平洋上，有一羣小島，乃小笠原群島，島上有一個巨大怪獸園，園裏養着許多怪獸，可是正有一隻宇宙怪獸正在襲擊地球，這怪獸是由太空船B-1号由太空帶來的，他是一種微生物，附在隕石上的，這怪獸現漸變大了，「啊」!，他把大厦整座搗毀。警察:「喂，怪獸園嗎? 現有一隻宇宙怪獸在搗毀，快來幫忙。」山川:「知道了」山川:「隊長，快派恐龍和神娥到日本長崎吧!」隊長:「好吧。」恐龍和神娥立卽到了宇宙怪獸的所在，宇宙怪獸看到他們了。(下期) |

•宇宙怪獸把大厦整座搗毀。

宿營之旅繼續：
觀賞《歡樂今宵》

【校園裏外】

用過早點，九時半已出發往參觀長沙灣的魚菜市場，乃漁農處轄下的大型鮮魚、蔬菜批發市場。之後前往啟德機場參觀，也就是香港國際機場。當時莫說乘飛機出外旅遊，即使送機，甚至到機場閒逛，都沒有試過，這是我首次踏足機場。其間看到飛機升降，又到訪貴賓室等處，發現周遭設施都很具規模，又見識放滿精品的禮品店，對來自鄉郊的小童，實在開了眼界，很興奮。午膳後到訪淘化大同食品公司的廠房（位於今天的淘大花園），觀看醬油生產過程外，還獲贈飲綠寶橙汁，該款汽水當時由淘大生產。

行程的各個景點都與生活息息相關，能喚起小童的興致，在觀察與體驗中增廣見識。不過，這天晚上的活動才是重頭戲，絕對貼近我的生活與喜愛，就是進入無綫電視台的錄影廠觀看《歡樂今宵》直播演出。

用過晚飯後，我們八時多出發。聞名不如見面，甫進錄影廠，卻發現環境比想像中細小，現場設有兩組觀眾席，覺得有點擠迫。觀眾席前有三部電視機，兩部黑白，一部彩色，供觀看播映效果。節目開始前，藝員杜平前來觀眾席歡迎大家，提醒切勿喧嘩走動，以免妨礙錄影。同時，當前方的「請大家鼓掌」提示燈箱亮起，就要用力鼓掌，放聲大笑。對這燈箱的印象最深。由於攝影機會不時捕捉觀眾席實況，故大家要保持笑容。

《大怪獸橫掃東京》劇照

相對於在家中看電視，現場觀賞有種種局限。因廠房有咪高峰收音，演員毋須高聲說白，當晚我坐於後排，其實聽不清楚的。同時，周圍的職演員各有工作，人難免分心張看，沒法子專心看節目。對這次參觀我是充滿期待的，能夠在現場同步看到攝製實況，經驗十分難得，看過就覺得很滿足。完場後意猶未盡，回到留宿處也無法入眠，索性與同學傾談。

【漫畫創作】

開始繪寫第一個長篇小說《怪獸大進軍》，就是把看過的怪獸片共冶一爐。怪獸圖畫取材自日本松竹電影公司出品的《大怪獸橫掃東京》（宇宙大怪獸ギララ，1967），看過後留下極深印象，模仿重繪。當中的人物都用上日本名字，當然是我創作的。

文首我特別標示「七彩」，怪獸攻擊都會的圖畫塗上顏色，對我和讀者都是新體驗，可說與時並進。選用的主要是木顏色筆，亦用上水筆。

《大怪獸橫掃東京》中的怪獸[

| 1971 年 7 月 30 日 星期五 |

第四十五天 日記	30-7-71 星期五	(露營記回)	今天早上·是由伍博全叫我起床的·洗漱後·吃早餐· 今天的早餐是通心粉和蛋·到九時半·便參觀海運 大廈·我看到了一架小型的錄音機·十分有趣·又到 星光村去·到了十一時便回去·十一時半便吃午飯了· 因為我們要回家去·吃完了飯·收拾好東西·便坐 車到尖沙咀車站·坐1時的火車回家去·回到家裏 還不到二時·林一鳴和盧志強來我家·我又買了 玉塊橡皮·到了七時·媽媽和冰心回家·冰心又 告訴我星期三的超人片集(ULTRA MAN)是說二 頭金怪的·他們的尾有有一個鈕·超人沒有出武 器·便把他們打死了·到了晚上·看合家歡和雙 星報喜等節目。
每日例話	30-7-71 星期五	怪獸大進軍 9人物介紹	
特集:怪獸大進軍9人物介紹			
隊長	怪獸團的指揮人		
木佐	怪獸控制人員		
山川	怪獸控制人員		
龍太	科學博士		
龍子	怪獸控制人員		
加路	怪獸控制人員		
金星人	控制宇宙怪獸的人		
小奇	宇宙船駕駛者		
三船	宇宙船駕駛者		
~~葉重~~			
什記	30-7-71 星期五	暫停	

宿營之旅結束：
首進海運大廈

【校園裏外】

在陌生環境睡不好，很晚才能入睡，早上總要其他人喚醒我，不過，已是活動最後一天。上午九時半出發到海運大廈參觀，是我首次到來見識。這個為人熟悉的商場，在六、七十年代之交是著名景點，當時「商場」一詞尚未流行，它確實一新市民耳目，為伴隨經濟發展而來的新生活模式揭開序幕。

海運大廈作為可供輪船停泊的碼頭，對香港經濟的重要性正在於「海運」。該建築物於 1966 年 3 月 22 日由港督戴麟趾主持揭幕儀式，整幢建築於 6 月 1 日全部開放。當時報章報道指它是「全世界第一個兼設有公共購物中心，及在最頂兩層設有龐大停車場之碼頭」。在商場遊逛，印象最深是冷氣相當充足，而更吸引的是商舖林立，售賣各種新穎的舶來精品，像在外國掀起熱潮的英國科幻電視片集《雷鳥》（Thunderbirds, 1965-66）的相關大型玩具，教我着迷；又見到新奇的迷你錄音機，使用小型錄音帶，猶如間諜片的秘密武器。

之後我們順道前往比鄰的星光行，那兒地下設「星光村」，有很多攤檔擺賣特色物品，如龍鬚糖，販賣東方風情，吸引遊客。半天活動完結，完成宿營之旅。午膳後在尖沙咀火車總站乘車回大埔。

【課餘樂事】

二時前已抵達。然後重回我的生活常規，買了五片擦字膠來做公仔。
黃昏妹妹回家後，向我彙報了我因學校旅行而錯過的《超人》劇情，
晚上繼續欣賞電視節目。

【漫畫創作】

開始接觸到日本原裝漫畫，並在此介紹「日本故事人物」的名字。雖
不懂日文，但嘗試臨摹，從中也有得着。

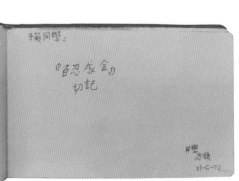

同學盧志強在我的紀念冊中留言

六十年代的尖沙咀火車總站售票處

回到1971：香港小學生日記

這盒《雷鳥》SKY-SHIP 1 模型正是當年我在海運大廈見到的同一款

回到 1971 ⸬ 香港小學生日記

| 1971 年 7 月 31 日 星期六 |

第四十六天 日記	31-7-71 星期六	(邦士坦)	今天下午,林一鳴、優志強和李浩輝來我家,我們一同玩麻雀機,到了三時,便看地球保衛戰(ULTRA Q)片集,今次是說一隻魔鬼魚怪戰邦士坦,侵略地球的經過,還有一個星球人名叫青美的是由加路星來的,這部片的原名是(宇宙指令 M774)看完了便和他們一同玩問答遊戲,到了七時媽媽回家,阿弟六時半由姊姊送他返外家,到了晚上九時半看(朱洪武)十分好看。
每日倒話	31-7-71 星期六	(太空魔星) 第一集 (前文在73頁)	攻打中自己了。㉛ ㉞ 再見!一條火 ㉘ B-B-B 機械人放毒气。 ㉟ 機器人露出原形! ㉙ ㉜ 被走了3隻用鹿反射。B-B-B-B ㉚ 奇怪!他又是太空魔星 ㉝ 我也變一條蛇! (下期) ㊱
什記	31-7-71 星期六	預告	每期倒話增加新故事: ①黑色電甲 第①集 半魚人(七動) ②小黑白小白 ①一千萬元

科技產物激發創意

放暑假的日子，三個同學來訪玩耍，大夥兒又把弄錄音機。無論當年或今天，少年人總是對新鮮事物着迷，那時候小型錄音機是新型電器，吸引力無異於今天的電玩，我們反覆把玩仍樂在其中。可是，與我的前一代相比，情況有點不同。

七十年代初好比進入當代的分水嶺。前一代人所接觸的，以沿襲過去的傳統事物為主，我們這一代固然仍受這些傳統事物影響，與此同時，各種新世代產物高速的進入生活，給我們新的體驗，攪動新的想法。像這部小型錄音機，或天天觀看的電視，啟發了很多想像，影響深遠。正如這天與同學玩「問答遊戲」，正是模仿電視有獎遊戲節目的模式。

同樣，把玩錄音機亦非單純的按掣錄音，再播放聆聽，我也加入創意，甚至變成創作實驗。我和妹妹曾創新錄音機的玩法，依據《超人》漫畫書的故事，為書中角色配音，又替場面製造聲效，恍如做廣播劇。當時年紀小，未有意識把平面故事影像化，但已有一些突破印刷媒界的想法，把平面的故事聲音化，令它更好玩。

1970 至 1972 年左右，我所錄下的聲音及從電視錄下的片集開場音樂等等，仍然好好保存着。

【課餘樂事】

之後，大夥兒一起看《地球保衛戰》，同樣百看不厭。過後回看，之所以入迷，並非因為年少無知，而是劇集的確具吸引力。當年的「超人怪獸」劇集，由優秀的編劇團隊創作，成員多屬業界的代表人物，每一集的故事充滿娛樂性，背後亦包含一些信息及意義，幾十年過去，仍然可觀，是這類作品了不起的地方。圓谷製作公司拍攝的《地球保衛戰》特別出色，劇本有趣味、富心思，製作也優秀，相對而言，東映出品的怪獸劇集顯得馬虎。

晚上又去戲院看台灣片《朱洪武》。原名《朱洪武與劉伯溫》，於 7 月中在市區首輪院線放映，共八院聯映，宣傳為投下重資搞特技，其中一款廣告聲稱：「特技驚人登峰造極，敢向世界影壇挑戰。」片中有特效畫面，我看罷的評語是：「十分好看！」七十年代初，台灣片在港佔一定市場，亦見到當地影圈開發特技片，此片未進入二輪院前，首輪只映了七天，成績一般。

【漫畫創作】

有兩個新的原創故事，當時創意澎湃，有很多想法要實踐。

台灣電影
《朱洪武與劉伯溫》
電影海報

《地球保衛戰》的 DVD 全集，我擁有一套。

回到 1971：香港小學生日記

| 1971 年 8 月 1 日 星期日 |

第四十七天 日記 | 1-8-71 星期日 | (改姓名)

今天早上，盧志強來我家，一會林一鴻和福兆都來了，我
看了西部殿金剛片集，到了六時，媽媽回家，吃雞蛋三
文治和紅豆糖水，到了八時，看青春火花片集(SIGN V)
到了九時，媽媽和我們一同到盧先生處，媽叫我哭盧先生
還要我改姓名，因盧子英不好聽，到了十時半才回家，
回家看一劍走天涯，還算包回來。

每日劇話 | 1-8-71 星期日 | 小空傑 (C) 之①

小空傑 之①
金星火龍
轟隆!

什記 | 1-8-71 星期日 | 日本故事人物 介紹

日本故事人物 介紹② | ①地球ナンバーV-7 ②ドカチン

地球ナンバーV-7
横山光輝
ドカチン
松井れんたろう

上契改名，
關愛子女

【校園裏外】

「改姓名」是一件奇怪的事。這天晚上母親帶我到班主任盧老師家。聽他們的對話，談到安排我上契給老師，甚至要更改我的名字，提到「我的名字不好聽」。對事情的來龍去脈我不太掌握，印象中是母親一廂情願的推動，我對這事沒甚麼意見，最後亦沒有下文。

雙親並非迷信的人。家長愛子女之心今昔無異，但當年人，想知多一點命運好作準備，有時候會求教於占卜算命。說不定母親獲甚麼高人指點，認為我名字的筆畫、字音有不足之處，宜改善之類，多少有迷信成份，聽者難免「寧可信其有」。後來，母親的友好姊妹，也就是寄居我家「弟弟」的母親，成了我的契娘。由此看來，上契一事是經人指點，認為是「宜做」的行動。

近年購藏的《西部鐵金剛》電視全集 DVD

【課餘樂事】

同學繼續來玩耍，加上福兆，一起看五時半播出的電視片集《西部鐵金剛》（*The Wild Wild West*, 1965-69）。這部由米高‧加里遜（Michael Garrison）主創的美劇，熱門程度遜於《時光隧道》，但一樣是經典之作；近年出版了影碟，我也購買回來重溫。這部科幻冒險劇集的一大特色是把特務元素放入西部片，創新類型，在六十年代十分新鮮。片集拍得相當出色，動作燦爛，又有特別武器，緊湊熱鬧，十分精彩。1999 年，它被拍成同名大電影，香港譯名為《超智特務顯神通》，韋‧史密夫（Will Smith）演出，屬重本投資大製作，奈何拍得不濟，票房失利。

【漫畫創作】

預告要推出的《小空傑》，出師不利，暫且劃上交叉。這個原是我的重頭戲，乃野心之作，自行創作故事，構思的圖像較為複雜，可惜一落筆便出了差錯，無以為繼。另外介紹了兩個人物角色，抄錄自日本漫畫的角色。當時我已閱讀日本的原裝漫畫，見有喜歡的人物，便摘錄下來。

有關當局最近曾接到一些神秘的密碼電訊，他們查出這些密碼無線電是從「愛登士家庭」發出的，於是管理電訊當局派出一位郵務人員到「愛登士家庭」內去調查真相。

奉命執行秘密任務的郵務人員叫做布烈斯（魯非施丹 Rolfe Sedan 客串），他以喜歡收集珍罕郵票為藉口，到「愛登士家庭」內去偵查實況。

哥麥夫婦（約翰柯士甸 John Astin 及嘉露蓮鍾絲 Carolyn Jones 飾演）不知道這位不速訪客是負有秘密任務，遂以熱誠待之，並且帶他參觀家中一切設備。

「西部鐵金剛」片集兩位男女主角

巷電視》當年介紹《西部鐵金剛》

48

| 第四十八天 日記 | 2-8-71. 星期一 | (支學費) | 今天弟弟不在家,我在家裏看一些日本圖書,到了一時,福頭來找家,他叫我和他一同去支學費,我們便去支了,支完了到街上去玩,到了晚上弟弟回家了,阿姨只給了我五元。 |

L. S. E.

| 每日倒話 | 2-8-71 星期一 | 小空傑 (C) 之 ① |

小空傑之一

金星火龍

| 什記 | 2-8-71 星期一 | 每週電視 (三) |

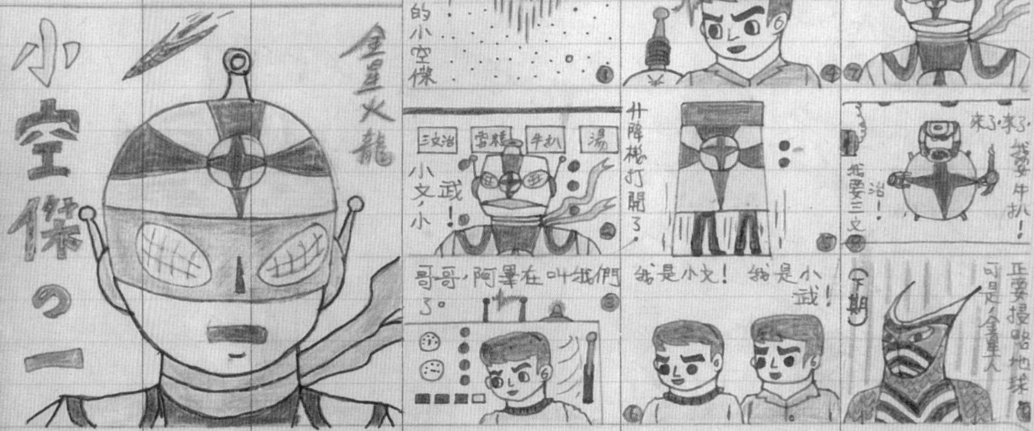

每週電視 (三)
起人片集
• 金怪　28-7-71
• 雪妖　4-8-71

雪妖

•金怪•

七彩小空傑亮相

【課餘樂事】

留在家看「日本字書」，即是看日本原裝漫畫。當時剛開始閱讀這些漫畫，但只擁有幾本，數量很少。畢竟要在九龍的舊書攤遇上，要靠運氣，而且家長亦不傾向多買，認為《兒童樂園》更益智，才值得購閱。

前文提到我將來的契娘，當時仍是阿姨，這天來接「弟弟」回家，她給了我五元。五元，在 1971 年是相當可觀的數目。

【漫畫創作】

昨天失敗了的《小空傑》，今天提起精神，加上準備充足，終能面世，且兌現了預告所言，是「七彩故事」。這是我繪畫彩色圖畫的初階，很有動力嘗試、實踐。《小空傑》第一篇「金星火龍」，我選用了木顏色筆，用色鮮亮繽紛，由內容到圖畫，整體我都滿意。

六十年代末《超人》系列開
始播映，日本不少漫畫雜誌
都以封面和專稿介紹。

| 1971 年 8 月 3 日 星期二 |

第四十九天 日記	3-8-71 星期二	(彩虹特攻)

今天早上，我買了一個盒模型，一元一盒，是彩虹特攻隊的紫大尉的太空船的。十分好玩。到了下午，我做了一本中釋日的書，不過還未分配。到了五時半，看快樂天地片集，十分好看，看完了看明珠台芝蔴街，也很好看。好媽又拿了龍眼給我們吃。到了晚上，看螢光雙雄。我們又和林一鳴打麻將，打到九時半。

每日例話	3/8/71 星期二	大力水手 卡通故事 (前文在64頁)

什記	3-8-71 星期二	每週電視 (四)
每週電視 (四) 超人片集	・加巴頓(初貌) 11-8-71	

・加巴頓・

迷日本文化，
靠估讀日文

【課餘樂事】

少年時代，自己最熱衷的嗜好，其一是看漫畫，另
一是砌模型。這天買來一元一盒的日本製模型，是
《彩虹特攻隊》角色的太空船。所指的是英國木偶
劇電視片集《Captain Scarlet》（1967-68），該
片集算不上熱門，我卻喜歡它的人物角色設計，別
出心裁。

自己喜歡的動漫作品可說無國界之分，兼容並包，
當然，對日本的作品鍾愛程度較強。這期間我開始
接觸日本的原裝漫畫，看得越多便越喜歡。寫下午
做一本「中譯日的書」，說來像笑話，當時我完全
不懂日文，但確實有興趣在中日兩種文字之間慢慢

英國木偶劇《Captain Scarlet》是繼
《雷鳥》之外另一部我十分喜愛的
科幻作品

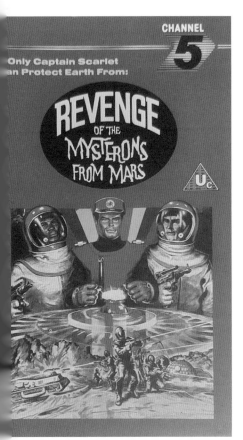

年《Captain Scarlet》也
日本版的漫畫

摸索。對日本文化的強烈興趣，足以令我摸着石過河般，看圖辨字，對不懂的內容，嘗試揣測，估計其意思。到頭來發現，有七八成機會猜得中。如此這般也讀了好一些日本書，看得多，猜得到，慢慢認出多一點點。何況中間夾雜漢字，對猜測意思幫助很大。

《芝麻街》每天下午都在明珠台播出，我亦成為忠實的追隨者。節目成功通過娛樂化方式包裝教育性內容，欣賞過程中，潛移默化給我點點滴滴的啟發，對日後的創作有一定影響。

提到母親拿龍眼回來，吃得開心。這是本地生產的水果。香港郊區有很多果樹，龍眼、黃皮、番石榴都有，我們在大埔居住期間吃過不少，獲親友送贈。

【漫畫創作】

這天繪畫的「大力水手」故事，墨水筆及鉛筆兩種筆跡混合出現，又是與何萬勝合作的作品。

《Captain Scarlet》中設計
前衛的太空船

第五台在八十年代推出《Captain Scarlet》的錄影
列

| 1971 年 8 月 4 日 星期三 |

| 第五十天 日記 | 4-8-71 星期三 | (遊車河) | 今天早上八時，我買了一些吃的東西，便到球場去集合，準備去環島旅行了，今次是張先生帶隊的，我和弟當仁坐一個位，因慶志強和榮達沒有去，我們一直坐出九龍，再坐船過海，<s>我又要了一架玩具機車一大支。但是在大丸去買</s> 的，我們遊了海後，便到虎的別墅去，再上山頂去，又到深水灣和淺水灣去玩，到了三時才回家，到四時才回到大埔，回到家後，我先配好了昨日的畫，到了五時半，看超人片集 (ULTRA MAN)，今次是說雪妖，內容是說有一個雪妖狠善良的，她拯救了一個雪人，後來超人想把他捉死，但他消失了，今次不去好看，看完了又看芝蔴街，晚上看聲宅之夜等節目，又看歡樂在今宵。 |

| 每日例話 | 4/8/71 星期三 | {特別} {預告} | |

• 將會在每日例話增加的故事 •

① (黑色電甲) 七彩科學幻想故事。
② (小黑与小白) 階趣神怪故事。
③ (鐵甲人) 七彩科學幻想故事。
④ (雪鳥) 七彩科學長篇小說。
⑤ (太空神童) 科學幻想故事。
⑥ (彩虹特攻隊) 七彩科學長篇小說。
⑦ (小電犬) 七彩科學階趣神怪故事。
⑧ (珍月旦) 七彩科學神奇故事。
⑨ (超人七号) 七彩科學長篇小說。

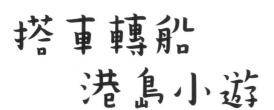

搭車轉船
港島小遊

【校園裏外】

正值暑假，學校仍繼續安排活動。這天的特備節目
是「環島旅行」，島也者，就是港島。我們居於新
界，外出絕非易事，難得由學校老師帶隊出遊，但
過程與今天一部旅遊巴走遍全程有別。我們乘車到
九龍，再轉船前往香港，畢竟海底隧道到 1972 年
才通車。

我和妹妹在「兵頭花園」（今香港動植物公園）合照

這天的遊點甚多，包括到南區的海灘，實在走馬看花。這是我第一次去虎豹別墅，當時能夠飽覽建築全貌，包括懾人的塑像；不過只是匆匆一遊，加上天氣非常炎熱，遊人甚多，又沒有人解說，自己不懂欣賞，沒留下甚麼印象。

當時交通不如今天方便，過海須乘渡輪，雖然父母也會帶我們外出遊逛，但去的地方有限，他們亦說不上熱衷本地遊。當年較常走的景點是大埔的松園仙館，那兒有遊樂場，現已拆卸。另一個則是港島的「兵頭花園」，當時大家都這樣稱呼，直至 1975 年才正名香港動植物公園，有植物又有動物，落成已超過 150 年，是很有意思的遊點。

【漫畫創作】

這天至為震撼的是「特別預告」，將有九個新的連載，主要仍取材自日本的作品，但亦有來自英國的《雷鳥》、《彩虹特攻隊》，自己的涉獵面並不局限。作品的形式包括科學長篇小說、科學幻想故事，兼且大多屬七彩。那時候自己的創作意欲相當旺盛，做來很認真。

1971 年的尖沙咀鐘樓及火車總

第五十一天 日記	5-8-71 星期四	（玩具車）	今天媽媽和冰心去街，爸和弟弟在家，我做好了昨天那本書了。（名叫日本），到了下午五時，看着某女郎片集，今次是說高美把小武和小浩和爸爸變小，在一架玩具火車和高美戲弄一個流眠的故事，十分妞笑，到了五時半，看明珠台芝麻街，也是很好看，到了晚上，看邵那密探隊等片集。		
每日例話	5-8-71 星期四	世界—— （C）博覽會	一九七O年度 大阪世界博覽會特集之一： （日本大阪）日本大阪東北的千里丘陵，修竹成林，鳥語啁啾，景色十分美麗，如今情形忽然一變，推土機鏟除了竹林，柴油引擎的街車聲，電動鋸木機的鏗鏘聲，趕走了飛禽，純樸的土地上蓋起了許多千奇百怪的建築，預計有四千萬人要來參觀，原來這幅人百多畝的地方是一九七O年世界博覽會的會址，這個會在今年三月十五揭幕，一連開放六個月，世界博覽會在亞洲舉行，還是第一次。一八九O年，日本就想主辦世界博覽會，但是熱心贊同者寥寥無幾，一九一二年的博覽會原定在日本舉行，但因明治天皇駕崩取消。		
什記	5-8-71 星期四	洪荒時代 （第四集） （有甲魚類）	洪荒時代 ④ ——有甲魚類—— 三億五千萬年…… 現在的魚，身體外面有一片片的鱗，古代的魚是有甲魚類，牠們	身體的外面，有一層又厚又硬的甲，有一種二十五尺長的大魚，樣子非常兇惡，身體外面那層硬甲，真是厚極了，假如	現在還有這種魚的話，我們會以為是一艘巨型的潛水艇呢！ （下期）

自製手作書本
《日本》

【課餘樂事】

前幾天提到蒐集材料，做一本翻譯日文的書，今天終於大功告成，書的名字叫《日本》。對這本書的內容及製作過程，印象很模糊，它反映了我對日本文化的喜愛。正如這天我把大阪萬博的內容繼續摘錄連載，對那兒發生的事情很感興趣，尤其這次萬博在香港也引起大家關注，我身邊的老師、同學更親身前往參觀。前文提到在盧老師家看她遊歷大阪萬博的超八短片，她也給我送贈紀念品，是印有各場館照片的小冊子，加深了我的印象。

【漫畫創作】

「雜記」繼續摘錄「洪荒時代」的知識，配以繪圖。自己喜愛的資訊，樂於分享，做來也有恆心，連載篇並沒有半途而廢。

我的小學畢業紀念冊用上了大阪萬博作為封面，而且更是「立體」的，可想而知當年這展覽的影響力。

第五十二天 日記	6-8-71 星期五	(電腦神童)	今天早上，我差不多都看了戲果看二時半的電腦神童，是和路迪士尼的，十分好看。内容是說一個大學生因向電腦配電件而電腦的能力便得到他身上，他便具有電腦的能力，真是一個無所不通的人。後來他因由樓上掉下而被恢復原狀。可是他最後還是獲得勝利。到了下午，又看差麻術，到了六時看「毒降頭」，忽然福頭叫我下去，說有些東西給我，後來他給了七份模型和十多本書，還有太空船等，到了晚上看雙星報喜等節目。		
每日例話	6-8-71 星期五	小飛俠④ 水晶球の謎 (前文在第72頁)	我跟他一同來到地球！㉘ 可是他們卻逃 電這殺我！ 幸得你救了我 真多謝你㉚	好吧，我把你消滅他們吧！㉛ 叫㉜ 他們已離開了 地球！他們已離開了。㉝	他們來了，啊，不好了他㉞ 哭！ B-B-B㉟ 再轟！ B-B-B㊱
什記	6-8-71 星期五	預告	大特集⑥ 將會是： 太空戰鬥隊	秘新基地 在100.101頁	推出。

發揮創意 組裝科學模型

【課餘樂事】

1971年，「粵語長片」雖屬舊片，但電視台仍安排在每天不同時段播出，這天星期五，分別於下午二時四十五分及黃昏六時播出。六時播放的《毒降頭》，1965年首映，張瑛、南紅、呂奇演出，竟然在這個時段播恐怖片，令人費解。其間福兆上來找我，交給我「七份模型和十多本書」，此事看到當時少年人如何獲得科學啟蒙。

現在STEM說得響亮，更獲各方推廣，以前的少年人沒有這些機會，但坊間仍不乏有心人推廣科普教育，聲勢雖不如現在，卻做到有得玩、有得學。福兆給我的書本，是《少年科學模型》叢刊，模型材料則是向出版社購買的。該份刊物於六十年代由少年出版社出版，陳實編著，主要介紹一些科學小玩意，附仔細圖片解說有關玩意的運作原理，從而傳遞點滴科學知識。出版社另備製作玩意的物料，讀者可訂購自行組裝。福兆經濟能力較佳，既訂閱該刊物，同步訂購製作物料，這天郵寄到來，便找我一起製作。

這天在金都戲院看了迪士尼公司出品的電影《電腦神童》（*The Computer Wore Tennis Shoes*, 1969）。7月中在市區首輪西片線麗聲、京華等三家大戲院聯映，可說是暑期巨獻。迪士尼的老幼咸宜影片有其品牌效應，除了卡通片，每年也推出真人演出的電影，屬非寫實的幻想類作品，一樣精彩，像《飛天老爺車》（*The Absentminded Professor*, 1961）、《黑鬍鬼》（*Blackbeard's Ghost*, 1968），翌年香港又公映了《鬼馬神仙車》（*The Love Bug*, 1968）。《電腦神童》由卻·羅素（Kurt V. Russell）演出，影片取材新鮮，製作用心，配合精彩的特技，效果突出，相當悅目可觀。廣告高舉「電腦世紀最佳作」，又有「原子電腦」之語。電腦，對當時人來說是很新的概念。我給影片評價：「十分好看！」故花了相當篇幅分享。迪士尼的真人片時有重映，我們又會重溫，個別影片前後看了幾遍。

【漫畫創作】

這天繼續繪畫取材自手塚治虫角色的漫畫故事《小飛俠》。預告提到會有由 100 至 101 頁的「大特集」，自己對這方面創作是有一定的追求。

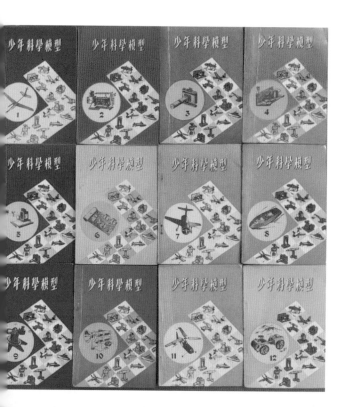

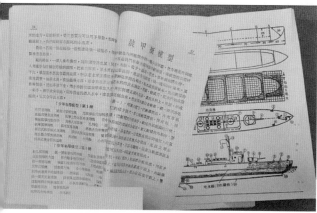

六十年代十分流行的《少
年科學模型》叢刊，除了
刊物，還可以向出版社訂
購製作模型的原材料。

| 1971 年 8 月 7 日 星期六 |

第五十三天 日記	7-8-71 星期六	(做木偶)	今天早上,我拿了橋頭給我的木片和鐵片等,用來做了一個小木偶,那是一隻怪鳥,十分有趣,是用綁扎的,到了下午三時,看地球保衛戰片集,今次是說食錢鬼,內容是有一個小孩子很貪錢,所以變成了食錢鬼,後來他改過自身,所以回復原形,可是他的爸爸母也因貪錢而變成食錢鬼呢!今次的十分好笑。看完了便和弟弟求心們玩打將的遊戲,後來阿叔來了,我們便到阿娘家去住幾天,我們乘七時的火車出發,到了為娶姐娘,可是不見她,到了晚上,吃牛蛋粉,逛行街,到十一時才睡覺。
			因紙破了 什記暫停

每日劃話	7-8-71 星期六	黑白金剛 No. 3 (前文在71頁)	

木片鐵皮創造 進階模型

【課餘樂事】

福兆交給我的製作模型材料，包括木片、金屬片，還有彈簧、橡筋，用膠水黏合。這些模型在組裝上有一定的複雜程度，材料亦非紙張、卡紙，可見已突破小童的勞作，而是少年的進階手作，製成品外觀雖有點土氣，卻勝在平實益智。當時不消說沒有用發泡膠來做手工，上述木質材料平日也不易找得到，製作起來挺有趣。這個科學小手工的原意是依據該月刊的指示圖拼砌，自己喜歡科幻內容，愛想像，也有一定創意，故此不甘被帶着走，而是按自己的想法砌出新意思，最後用這些材料做了一隻木偶怪鳥，能夠提線活動。

下午播出的《地球保衛戰》我必然收看，這天播出的一集「食錢怪」更是經典，是該劇三隻最受歡迎的怪物之一。時至今日，依然有大量追隨者搜購「食錢怪」造型公仔。

《地球保衛戰》其中一集經典「食錢怪」，現在仍然很受怪獸迷的歡迎。

寄居我家的「弟弟」，他媽媽是我母親的好姊妹，我們兩家的關係很緊密。這天是星期六，「弟弟」父親來接他回九龍的家，我和妹妹跟隨乘夜班火車，前往他們家小住幾天。當時放長假的日子，我們也會這樣到他們家玩耍兼小住幾天，雖然只是到九龍，仍感覺像外遊宿營。

【漫畫創作】

繼續繪畫我原創的「黑白金剛」，決意要把它做好。

54

| 1971 年 8 月 8 日 星期日 |

第五十四天 日記	8-8-71 星期日	(遊荔園)	一大早上，和阿叔、芳姐姐喝了茶後，阿叔便和弟弟到故姑婆家去，我和冰心、芳姐姐在家等她的工友，一會，她們便來了，我們本來是到太平山去旅行的，故於是便坐巴士到尖沙咀，再到對香港去，我們到了大會堂附近，便下起大雨來，我們又有放棄計劃，再坐船回到尖沙咀去，到了尖沙咀便沒有下雨了，我們便坐的士到瓊華酒樓去吃飯，我吃了很多東西，吃完了，便到荔園去玩，我們到了荔園，又玩摩天輪，又玩密月花車，十分有趣，到了五時，便坐車回家，一回到家裏，便吃饅頭，到了晚上，芳姐姐和冰心到姑婆家去睡覺，我便在這邊睡覺。
每日童話：	8-8-71 星期日	怪獸大進軍 ②	(上秒) 怪獸大進軍之 ② <《富士山大戰》	宇宙怪獸先發制人，放出死光，把神蛾打得整條飛起了，恐龍立即放出放射能，可是宇宙怪獸不怕，牠把尾鉗住恐龍，把恐龍鉗得透不過氣來，神蛾放射出蠶絲，眼看把宇宙怪獸整個變成絲球了，可是宇宙怪獸放射出一種熱力，把絲溶了，在獸園裏，木佐和加路提議再放出原始龍來，鐵翼怪鳥來對付牠，於是五隻怪獸在富士山下便來一場混戰，鐵翼鳥把神蛾背着飛起，半空中噴絲，原始龍又咬着怪獸的尾巴，恐龍噴射放射能，宇宙怪獸漸處下風了，(下

• 五隻怪獸在富士山下混戰•

遊荔園 大件事

荔園遊樂場入場券

【課餘樂事】

昨夜在「弟弟」位於九龍的家留宿，芬姐是他的姊姊，較我們年長約六歲，已投身社會，在工廠打工。「弟弟」媽媽後來成了我的契娘，芬姐就是契姊了。我們真的像度假，飲過早茶後，跟隨芬姐和她的工友去遊歷。由九龍乘渡輪到中環大會堂，因下大雨取消暢遊太平山頂，乘船折回尖沙咀，之後乘車到旺角瓊華酒樓吃飯，即今天的瓊華中心。幾個地點，要不仍在原處，即使已重建，也不難找到原址；今天看來近在咫尺，片刻便抵達，在七十年代初，得搭船渡海再轉車，生活中對時間、距離的感覺，今昔差別很大。

之後再到荔園遊玩。當年到荔園遊樂場消遣是「大件事」，屬於大節目，畢竟今天所謂的主題樂園，那時是罕有的，能付款進園去玩機動遊戲，實屬難得。玩過摩天輪、蜜月花車，我寫下「十分有趣」。啟德遊樂場於八十年代初已結束，前後經營二十年不到，相對而言，荔園自戰後開業，一直運作到 1997 年，橫跨近半世紀，看到經營者努力與時並進，引入新款機動遊戲，絕對不簡單，見證港人生活方式的轉變。

《獸王大決鬥》是最多怪獸出場的東寶怪獸片，當年已看過幾次，正場看完到公餘場放映又再看。

【漫畫創作】

延續之前第一集，繼續繪畫《怪獸大進軍》，把東寶、松竹的怪獸片共冶一爐，圖像畫得頗細緻，怪獸決戰富士山下。

| 第五十五天 日記 | 9-8-71 星期一 | (回家了) | 今天早上,和阿枝弟第一同到正源冰室吃早餐。再打電話叫芳姐姐和冰心都下來,我們吃完了,便到姑婆那裏去,芳姐姐又做啫喱給我們吃,到了2時,又回製造貞處,我們便看電視,圖書和玩飛行棋,到了下午八時半,我們便收拾好東西,準備回家,又吃了一碗燕蛋粉,再坐火車回去,回到大埔,在火車站見到媽媽,原來她是來接我們的,我們又吃蛋糕,看電視,才睡覺。 |

| 每日例話 | 9-8-71 星期一 | 《空襲》(C) 之② (前文在82頁) | |

| 什記 | 9-8-71 星期一 | 橡皮 の④ | (機器人) 下 |

與麗的映聲
罕有連線

【課餘樂事】

在九龍居住兩天，節目豐富，包括到芬姐姑婆位於塘尾道的家玩樂。那是一幢洋房，面積挺大，備有工人房，聘用了傭人。時值炎夏，既有雪櫃，芬姐做啫喱給我們吃，簡單易做，是當時流行的家庭凍品。啫喱的品牌不多，當時羅拔臣啫喱的廣告力銷「營養豐富」，廣告文案謂：「用純淨白砂糖及上等魚膠製成，含豐富蛋白質及大量維他命」，如此宣傳反映社會大眾對營養、健康有所追求，生活水準持續提升。

在「弟弟」的九龍居所，最難得的節目是「睇電視」——看有線廣播的電視。他們家接駁了麗的映聲，我居於新界，根本無法收看，偶有機會來訪，在可能範圍內我都爭取觀看，特別是一些心儀的、只此一家播映的卡通或片集，像美國片集、真人演出的《蝙蝠俠》（ *Batman,* 1966–68）、日本製作的《太空歷奇》（キャプテンウルトラ，1967），只有來訪時才有機會看到。當然也得講運氣，要節目湊巧在我到訪的那天那個時段播出。不管如何，看得到麗的映聲的節目，已很開心。

麗的呼聲電台頻道於 1949 年啟播，電視頻道麗的映聲則於 1963 年啟播。來到 1971 年，電視廣播有限公司（TVB）啟播已五年，麗的的電台及電視台仍維持有線廣播制式，電視設有中文台及英文台。有線廣播始終有局限，普及度不能與無線廣播的電視台相比；1973 年，麗的映聲亦轉為無線廣播，成為麗的電視。

六十年代的《蝙蝠俠》電
視片在全球熱播

這天晚上我們回大埔，母親來接我們車。那時候，接車接船是普遍的，但想一想，我家沒有裝置電話，要準時來到車站接車，大概在我們出發當天已約定好。那時候大家凡事都要預早規劃，不容許即興變動，亦必須準時。

【漫畫創作】

漫畫《小空傑》除開筆時出了問題，未能準時推出，到這一天也進展良好，這是我的原創故事，繼續是彩色漫畫。

第五十六天 日記	10-8-71 星期二	(停電記)	今天早上,我和弟弟冰心在家,我們一起玩打將,又玩粉,十分有趣,到了下午,又沒電了,雪柜的雪也自動溶了,直直到五時半也在停電,我們久有下去福頭家去看快樂天地片集,今次是說賽車的,後來飛燕小隊勝了,直到六時半才有電,晚上看冷暖親情等節目。			
第三 每日例話	10-8-71 星期二	飛天貓 (前文在52頁)	⑩ 轟!	轟! 飛天貓也放出電光!	幸得小貓擺及暗来到!	
			⑪ 電光! 食飲怪放出	! 唉一聲! 食魔怪又放死光	⑯ 把木貓救走!	⑰
			我也不怕的! ⑫	中了! 把飛天貓打	⑱ 小貓机放強電!	
				⑮		
什記 會抱人的 溺屍 原著:普露斯·鄧波	10-8-71 星期二	真實故事 第(四)篇	到了漆白半開的門,那是郎長室。(會走的死屍)我覺得心臟跳動得很奇害,沙沙地好像可以 ①	聽到血液流動的聲音。「口愛!這麼害怕怎麼能當合眾国的警官」我振起精神,把門推開。	將水中電燈照亮全室。就在這時我驚恐的大叫大聲,就像木偶般地呆站在那裡。(下頁	

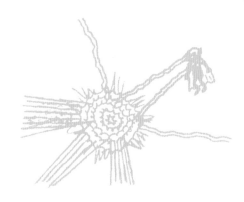

電視劇的
色彩蛻變

【課餘樂事】

我居於舊樓，也許供電設施已殘舊，經常停電。這天下午又停電，當時家中的雪櫃是有霜款式，停電時間一長就麻煩，霜雪融解流出水來。但對我來說，最大煩惱是無法看電視，尤其正值放假。後來到福兆家看電視，可見停電僅我們一家的樓宇，鄰戶卻不受影響。

黃昏時分電力恢復，晚上看的電視節目，包括劇集《冷暖親情》。該劇集於 6 月 20 日起，逢星期日晚上九時半播出，每集半小時，全長 31 集，電視台的資料指出是繼《夢斷情天》後第二部長篇連續劇。演員陣容頂盛，除梁天，還有來自歌影界的年輕藝人歐嘉慧、石修、森森及鄭少秋。這是 TVB 最後一批黑白製作的劇集。劇集播映至 8 月，改為逢星期二晚八時半播出，到 10 月下旬再改為逢星期五晚八時半播出。據 11 月初報章的節目介紹，標示此劇已是「彩色長篇片集」。當時我家只有黑白電視機，沒法同步目睹電視的色彩演進。

【漫畫創作】

《飛天貓》連環漫畫，以及節錄自外國譯著的《會抱人的溺屍》，均延續自先前的摘錄，很堅持。

七十年代初，彩色電視開始在市場出現，當時售價高昂，我家有幸在 1973 年擁有了第一部。

"為迎接香港彩色電視....
德國製「美斯牌」夏蕙型
（HAWAI）
25″自動彩色電視機
在港出售"

裝有名貴木質機柜，精緻華麗，
摺式櫃門，方便大方，巧具心思，
配合香港彩色無線電視，
運用"六二五"線接收系統，保証清晰
明朗的画面效果。

Metz　總代理：捷成洋行

第五十七天日記	11-8-71(加巴頓)星期三	今天早上,很遲才起床,媽媽給了我二元,我又買了一本新書,是超人封面的,內容有三個故事,一個是超人的,一個是飛鏈快鎗,一個是怪獸統進事,三個故事都很好看,到了下午五時半,看超人片集,今次是說幻象怪獸加巴頓的,內容是說有一種神秘的光與太陽光混合,便成為一種奇怪的光,可使平面物體變成實物,有一個小孩子畫了一隻怪獸,是白色的,有二隻大眼睛,可是他因受了怪光的感應,所以變成了一隻真的怪獸,可是那怪獸很善良,他不傷害人類,只顧睡覺,後來消失了,小孩子們又給他說他不美,便改了他的樣子,又變成另一隻怪獸了,後來超人來和他打,超人把他送到太空去,可是那些小孩子很傷心,可是突然天上出現一個超人,還說他們可以在每年的今晚在天空上可看見加巴頓的,他們一看,果然天上有一隻由星所砌成的怪獸,他的眼睛還流淚呢!今次的超人十分好看,看完了又看明珠台的芝麻街,也是很好看,尤其是阿畢和安尼的故事是最有趣的,到了晚上看聲寶之夜和萬能神探片集,到了九時半,看寶華的最短的婚禮,光又買了一盒木顏色。
	·啟　事·	日記太長,每日例話和什記暫停

日本《超人》漫畫
超入迷

【課餘樂事】

自少年時代起，已對日本《超人》動漫着迷，這天用了全版篇幅介紹其故事，「雜記」及九格漫畫都要讓路，可見何其鍾愛。這天由早上到午後都是《超人》，早上買了「超人」封面的漫畫書閱讀，下午看《超人》電視片集。寫下如此長文，因為這一集「幻像怪獸加巴頓」很有趣，講述小孩子在牆上繪畫的怪獸變成真，是一隻善良的怪獸。故事把孩子的創作童心與怪獸連繫起來，帶出溫馨情意，又保留了「超人」片集的戲劇元素，相當精彩，給我留下很深刻的印象。事實上，《超人》雖是以少年人為對象的科幻劇集，當中很多劇本都處理得很用心。

我經常模仿日本雜誌的怪獸介紹，自己在日記又畫了不少。

同日晚上在寶華大戲院看了台灣片《最短的婚禮》（1971），宣傳
文稿聲稱此乃甄珍第一部悲劇。影片講述她與男主角岳陽苦戀，幾經
波折，有情人終於能結合，可惜結婚當天她病發身亡，婚禮變喪禮。
七十年代初台灣的流行文化在香港甚為熱門，包括電影及國語時代曲，
街頭巷尾經常傳來姚蘇蓉主唱的歌曲《今天不回家》。像《最》這類
文藝片長映長有，票房不俗，我這少年人也有機會觀看台灣文藝片，
次數不算少。當中一部《意難忘》（1966）多次重映，我又多次被父
母帶往觀看，父母還購入相關唱片欣賞，片中歌曲聽得極熟，歌詞也
背得出來。

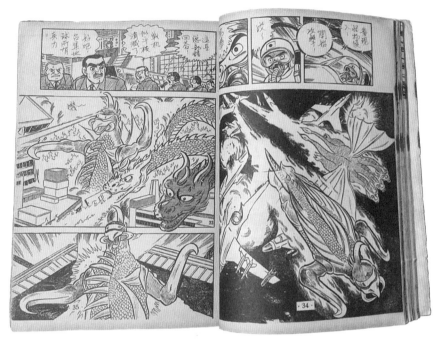

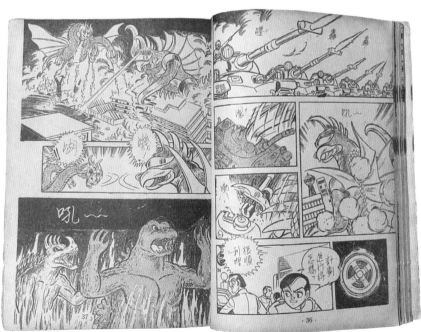

坊間也有不少翻版的日本怪獸漫畫

| 1971 年 8 月 12 日 星期四 |

第五十八天 日記	12-8-71 星期四	(催眠術)	今天早上,又沒電了,好在很快就有回,到3下午,林一鳴和楓頭來我家,我們一起玩催眠術的遊戲,十分好笑,我又製造3一些毒瓦斯,十分好玩,到3五時,看彗星女郎片集,今次的也十分好笑,看完3又看芝蔴街,到3晚上,看電視劇場,林一鳴又來我家,我們一起做晴雨花。
每日例話 青堡の頁	12-8-71 星期四 (第三集)	二青堡の頁二 第三集 青字6号	青字6号(黑潮号) (重27000頓 時速28哩 原子动力)

艦長伊賀
少校

| 什 記

彗星女郎 | 12-8-71
星期四
(第一回) | ↑彗星
女郎↑
初臨。地球 | 高美是太空某星球之少女,因淘氣搗蛋,故被星球校長趕到地球,以示懲戒。高美來到地球某小學附近,頑皮學生小武跟小浩發現她站在旗竿上,不禁為之自瞪口呆。高美出而幫助兩小孩,由此引為知己。又知高無家可歸乃帶高回家,開始她的新生活。(下期) |

無聊整人遊戲成風

【校園裏外】

我和林一鳴製作的「晴雨花」小手工，屬科學實驗玩意，只要用紙就做得到，關鍵在於化學材料，也許我們從某個渠道取得這類物料。把紙張浸泡在化學物溶液中，待乾透後剪成花瓣模樣，連上鐵線，放到窗邊，花瓣會因應空氣濕度高低而轉換顏色。

【課餘樂事】

這天又停電了。當時除了電視，孩子的玩意，譬如做「晴雨花」，完全不涉電力。我們玩的「催眠術」遊戲，又或自製「毒瓦斯」，我形容為「十分好玩」，應該也毋須用電，回想可能是模仿成人世界的玩意。

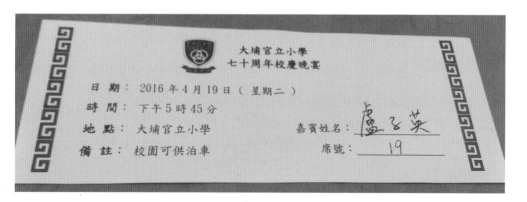

大埔官立小學
七十周年校慶晚宴

日　期：2016 年 4 月 19 日（星期二）
時　間：下午 5 時 45 分
地　點：大埔官立小學
備　註：校園可供泊車

嘉賓姓名：盧子英
席　號：19

50 年後，一班大埔官立小學同學又共聚了。

隨着經濟發展，港人生活水平提升，大眾有餘暇又有心情尋樂子，「整蠱人」大概是最直接又簡單的方式。那陣子一些外來入口的「整人」玩具興起，在大百貨公司設專櫃發售，竟有不少人購入行樂，變成流行風尚，主要有四款：

- 一個被裝飾為盛載花生的鐵罐，打開罐蓋，內裏連結彈簧的公仔蛇即快速彈出，嚇你一驚；
- 一排小小的口香糖或一盒啤牌，當你伸手取出一片之際，立刻放出電流，足教你手指麻痺；
- 「痕粉」，灑到人身上時，令人癢不可擋，要洗澡才能除掉；
- 「臭蛋」，用小玻璃瓶盛載，當打碎後，即有黃色的阿摩尼亞液體流出，臭氣薰天。

如此惡作劇相當無聊，更感染到小孩子，我們小學生也帶回學校嬉戲整蠱同學，被老師發現而遭受懲罰，要自嘗被惡搞之苦。

【漫畫創作】

參考《青之六號》漫畫，畫了一艘艦艇。這畫作對我是一項挑戰，因為涉及艦隻結構，比例我也不熟悉。因為太喜歡它的設計，故畫下來。用鉛筆畫，買個保險，可以修改。

大埔官小上
1971-1972 年度畢

兒時照片，很帥吧！

大埔官立上午小學一九七一至七二年度畢業生與師長合照 西京橋

| 1971 年 8 月 13 日 星期五 |

第五十九天 日記	13-8-71 星期五	(差利卓別靈)	今天林一鳴又來我家,我和他、冰心、弟弟阿媽一同去看差利的馬戲班,是看十二時半,是影片來的,十分好看又好笑,看完了便回家,我和林一鳴一同做暑期作業,又玩飛搭的,十分好笑,到了七時許,媽才回家,我們一同去吃魚蛋粉,吃完了回家看「雙星報喜」等節目。

每日例話	13-8-71 星期五	小飛俠 ⑤ 水晶球の謎 (前文在86頁)

什記	13-8-71 星期五	每週電視 (五)　・加巴頓・
每週電視(五) 超人片集 ・加巴頓(復說) 11-8-71		

差利默片
好看又好笑

【校園裏外】

前文提到自己實非勤力型學生，假期作業通常留待提交前夕才動筆。
這天林一鳴來訪，還不過是 8 月中，我竟和他「一同做暑期作業」。
正因為有他與我一起做，動力較強，突破放假慵懶的慣性。

【課餘樂事】

母親帶我們一群小夥子到戲院看十二時半場，影片是差利卓·別靈的
《馬戲班》（*The Circus*, 1928），我註明是「默片」，評語是「十
分好看又好笑」。

差利確是影史奇葩，其影片內容詼諧惹笑，即使沒有對白，長幼觀眾
同樣看得開心；其電影題旨雋永，教人動容，無怪乎跨越多個年代依
然受歡迎。他的電影香港觀眾甚為熟悉，更時有重映。這部《馬戲班》
在二十年代推出時已在港放映，經過半世紀，來到彩色聲片大行其道
的七十年代，仍獲得發行重映，繼續有捧場客，像我們這一家拉大隊

去觀賞。我作為少年觀眾也不抗拒是默片，樂在其中。這次放映的，是聯美公司的全新印本，配上了音樂。《馬戲班》之前在 1970 年 8 月，排映於市區的首輪西片戲院紐約、大世界及麗宮，作為暑假老幼咸宜的戲碼。

【漫畫創作】

加巴頓怪獸，因為我實在很喜歡，所以繪畫出來。它有兩個形象，之前畫了一隻，這是另一形象。

《城市之光》中的
差利・卓別靈

差利的《馬戲
十分

| 1971 年 8 月 14 日 星期六 |

第六十天 日記	14-8-71 星期六	（發射火箭）	今天早上，在家玩，到了下午三時，看地球保衛隊，今次是說岩石怪獸的，那一隻岩石怪獸後來被一個森林人阿枝殺死了，看完了我便拿一些火柴出來，只剪了頭，用來作火藥，到了四時，蓉姐姐和弟弟的姊姊來了，弟弟返外家，林一鳴又來我家，我們拿弟弟的玩具火箭來用，放遊火藥，在樓下發射，怎知變成爆炸了，失敗了，到了晚上，林一鳴又來了，不過一會便走了，鳴士頓大特寫有卡通片，今次是（A），十分好看，晚上看（君子劍）和西片（雌雄劍）。
每日例話	14-8-71 星期六	黑色電甲 （第一集）	黑色電甲 (土彩) 第一集 柔魚怪
什記	14-8-71 星期六	預告	下次（大特集）：無敵鐵甲火 在128頁刊出 （土彩）

電視播波蘭動畫
觸動神經

【校園裏外】

暑假期間，我與同學聯繫緊密，林一鳴今天繼續來訪。當時的少年，沒有如今那麼多玩物，泥沙、樹葉都玩出趣味，發揮創意。另一方面，因為太自由的發揮，也有危險時刻，譬如小孩子都愛的一項玩意：火。

這天我與林一鳴投入火箭遊戲，或因科幻劇集看得多，幻想只要像真實火箭一樣，在底部燃起熊熊烈火，就能推動火箭一飛沖天。我們削下大量「火柴頭」，即有火藥的部份，集中一起；然後拿「弟弟」的塑膠火箭玩具，把火柴頭全部填塞在引擎部位，再把火箭放置在地下，計劃點燃火柴頭，以推進火箭升空，飛到我家二樓的平台去……這純粹想當然，結果塑膠火箭在地下率先爆破焚毀。

《哈士頓大特寫》訪問張徹、申江、羅烈

玩火方式林林總總，我們還會趁父母外出，偷偷點燃迷你火水爐，用金屬材質的「煮飯仔」玩具，融化朱古力、煎鵪鶉蛋等。如此危險的行為，實不可取。

【課餘樂事】

週末晚上八時五十分播出的《哈士頓大特寫》，由簡而清主持，1969至71年製作了幾輯。1970年《香港電視》的節目表簡介：「介紹每週最新影片及影星訪問，由英美煙草公司特約播映。」半小時節目內容豐富，影人親身出席受訪，這晚的節目格外特別，講述動畫作品，對正我的愛好。

節目當中介紹了著名波蘭平面設計師、動畫導演 Jan Lenica 的作品《A》（1965），內容帶政治色彩，卻以動畫表達。全片以類似版畫的線條繪製，單色處理，圖像富設計感，動態方式甚為風格化，非常獨特，氣氛與我之前看的日本或美國卡通片完全不同。當時對影片的內容未能完全掌握，但即使沒有對白，長約十分鐘的篇幅，已感覺帶出很豐富的信息，給我留下極深的印象，絕對開了眼界，擴闊了我對動畫的認知，亦驚訝可以在電視看到，對我影響深遠。

這晚我還看了兩部電影：《君子劍》（1969），謝賢主演，作為較簇新的舊片在電視播出；《雌雄劍》（*Mask of the Avenger*, 1951）則是配音西片，安東尼‧昆（Anthony Quinn）主演。兩片分別在晚上十時半及十二時播出，至凌晨一時半才結束，當時我們一家人一起看的，一部電視滿足了娛樂喜好，直至半夜。

【漫畫創作】

推出新作《黑色電甲》第一集，彩色漫畫，奈何畫了兩格已知失敗，唯有放棄，大概是心頭過高吧！

波蘭動畫導演尚‧連尼卡
（Jan Lenica）

‧連尼卡的經典動畫短片《A》

第六十一天 日記	15-8-71 星期日	(到粉嶺)	今天早上十一時便坐小型巴士到粉嶺去找鍾先生,去到了,媽媽打麻雀,我看了很多讀者文摘,直到下午六時才回家,到了八時,看青春火花片集,我又知道,因雌雄殺手片集完了,在下星期六便有一個新片集,名叫「五虎將」是一個一小時的日本偵探粵話配音片集。
LB & LW			
每日例話	15-8-71 星期日	小黑 And And 小白	整天沒事做,真沒趣!

小黑與小白
第一集
～ B & W ～

彗記	15-8-71 星期日	彗星少郎	小强與小浩兩兄弟因測驗成績太差,怕母不
彗星少郎	(第二回)	玩具車風波	買機動火車給他們玩,於是由高美幫忙卓由父親答允買給他們,何順敏子等在家玩小火車時,高美乃施用法術,將各人安排生進玩具火車內,小巴武之母回家後不見各人,祇見有到火車,乃順手將其收進匣內,幸得高美施法術把他們救出。(下期)

幼稚園內的 單對單授課小學

【校園裏外】

寫下「坐小型巴士去粉嶺」，指的是小巴，現在大概沒多少人這樣稱呼它，有陣子叫「Van 仔」，現在多喚作「紅 Van」、「綠 Van」。對稍年長的一輩，最熟悉的稱呼是「十四座」。

有一段頗長的時間，小巴一直維持設 14 個座位。1972 年 6 月，報章有一則小巴銷售廣告，指出「本港目前各種公共交通工具中，若論方便快捷而又大眾化者，首推十四座位小型巴士，雖然它投入本港公共交通事業只有短短三年光景」。1969 年引入十四座位小巴之前，小型巴士的座位只有九個。我在日記寫下「坐小型巴士」，因那時行走的小巴數量不多，可説是較特別的乘車經驗。

1971 年的《超人歷險記》比起兩部前作更受香港觀眾注目

我乘小巴去探望曾在幼稚園教導我的蘇老師。雖然我離開幼稚園多年，但父母和蘇老師一直有聯繫，我們不時探訪她粉嶺的家。我與這位老師有過特別的經歷。幼童階段我居於大埔舊墟，就讀大埔神召會幼稚園，完成兩年課程後升讀小學。父母心儀的大埔官立小學不設一、二年級，其間我曾在其他小學上課，卻不適應，總不能懸空兩年不學習。神召會幼稚園破例為我安排特別班，讓我回校修讀小學一、二年級的課程，蘇老師是其中一位執教者。全班只有我一個學生，屬於一對一教學。

蘇老師居於一幢平房內，環境寬敞，最令我驚訝是當中的一個房間，牆壁置有高高的書櫃，放滿了《讀者文摘》，我頓然眼睛發亮。在那房間我可以消磨上半天，看完一冊又一冊，包括前文提到那篇〈人間仙境佛羅里達〉的報道文章。

【漫畫創作】

《小黑與小白》第一集推出，是我的原創故事。標註為「B & W」，對色彩的處理很認真。

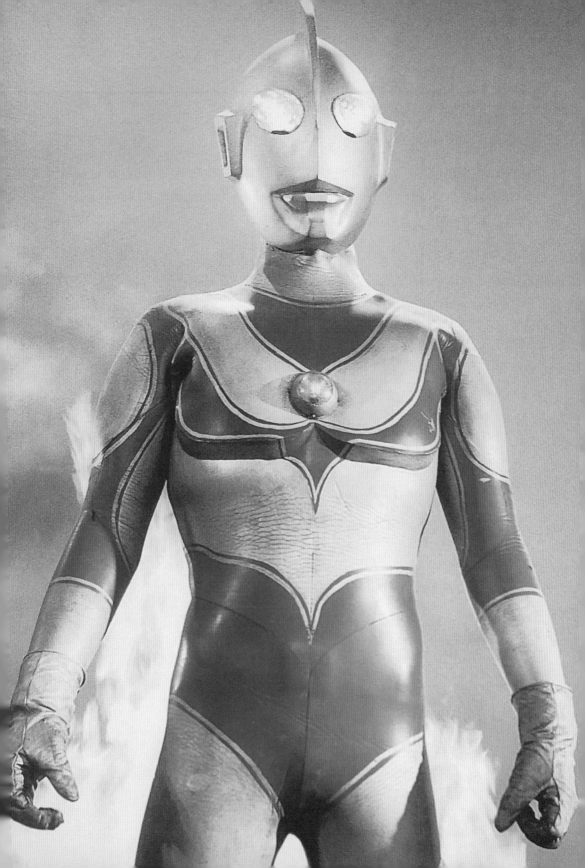

第六十二天 日記	16-8-71 星期一	(大風暴)	今天早上九時便掛七号風球,到中午十二時轉八号,可是一點風也沒有,到了下午,看芝麻綠到到了八時,看王山之家片集和鐵胆雄風,到之九時半,突然停電了,原來掛上九号風球,一會爸爸便回家了,到了晚上,外面十分嘈吵,真是嚇死人了。
每日例話	16-8-71 星期一	小機器人 奇奇 (前文在77頁)	(連環圖) 真是!是!是! ㉗ 咭嚓斷了! ㉙ 這麼好的玩具! 兒! ㉘ 泡球兒真有 ㉛ 用! ㉞ ㉝轟 泡球鬼 上!在白看畫上眼 喜歡氣氣球! ㉟拜拜! 光章了!
什記 彗星女郎 (第三回)	16-8-71 星期一	彗星女郎 妙法搶先	小武與小浩愛看漫畫,高美促兩人溫習功課,兩童實施妙計用酒把高美灌醉。高美醉後,適有兩小偷進來,偷去高美的法術槌,無意中把鈔票中之人像聖德太子變了出來,協助兩小偷盜取廟宇內之番油錢,小武兄弟撞見,此事,敘往捉賊,反為兩小偷提去,幸得高美用法術捉盜,救出兩人。(下期)

一點風也沒有的
十號風球

颱風來襲，早上九時掛起七號風球。颱風名為「露絲」，前一天晚上已靠近香港，當時發出一號風球，預測不會帶來太嚴重的影響。天有不測之風雲，午夜過後情況有變。8 月 17 日《工商日報》的報道，指出 16 日凌晨時分，露絲「改變了方向，由前晚的西北偏西，改為向北移動，直趨本港」。天文台在清晨五時許發出三號風球，再於早上九時五十分改發七號風球。

現在颳颱風，時有「風力不強」之說，當年颱風襲港，印象中風力一般都比較猛烈。這一次卻不同，或因方向和地形因素，我寫下「一點風也沒有」。「露絲」實在具有威力，16 日這天的中午轉為八號風球，再於晚上九時改掛九號風球，及至十時五十分，「天文台更懸掛近年以來僅見的十號風球」，此乃報章報道的用語。

風暴之下，我們留在家觀賞電視。當掛起九號風球時，一如以往——停電。父親提早放工回家，街外因停電而鬧哄哄，吵吵擾擾，都是一貫的風暴景象。

【漫畫創作】

繼續發展「小機械人奇奇」的漫畫。「雜記」再次介紹日本電視片集《彗星女郎》的內容，片集製作得很好，我當時很喜歡。

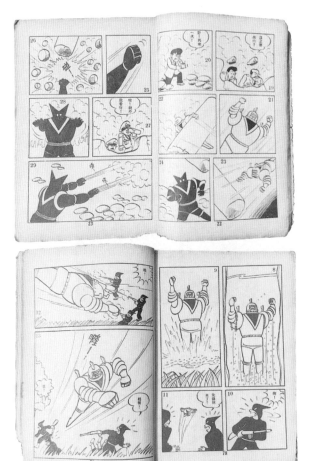

我特別熱愛科幻漫畫，《地球先鋒號》是其中之一。這部作品相信是香港最長壽的機械人漫畫了，足足有九十多期。

| 1971 年 8 月 17 日 星期二 |

第六十三天	17-8-71	（開學了）	今天本是弟弟開學，弟弟在海僑幼稚園
日記	星期二		去讀書，可是打風後還是下大雨，所以只
			有明天才上學了。到了中午，天還是下大雨
			我們本想開電視看，可是原來停播站
			給大風打壞了，所以沒有電視看。到了晚
			上我到林一鳴家去。

BLACK ROBOT

| 每日例話 | 17-8-71 星期二 | 黑色電甲 （七彩） | |

（七彩）

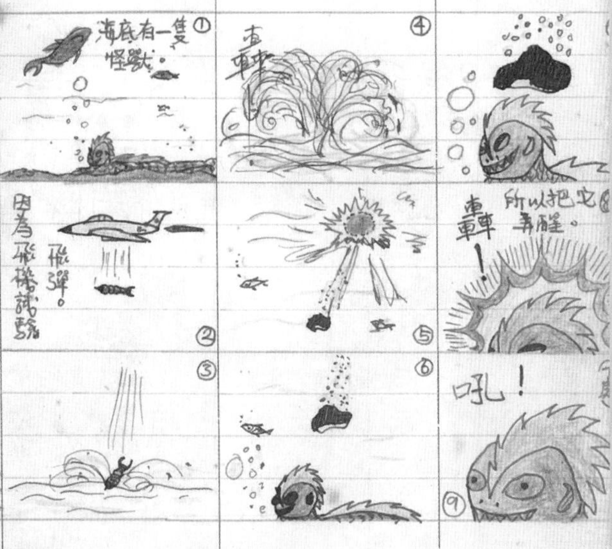

黑色電甲 No.2

什記 17-8-71 星期二　每週電視 （六）

每週電視 （六）
超人片集 ·楼星 怪獸 （真美拉）

真美拉

偏遠新界區
風暴下受困

【校園裏外】

今天交通發達，進入新界方便得很，若說很偏僻的鄉郊地方，實在不多。回到七十年代初，新界地區如我居住的大埔，已屬於偏遠，尤其經歷颱風，日常生活流程受阻，鄉郊居民面對一定煩惱。

露絲襲港，帶來滂沱大雨。時年四歲的「弟弟」所就讀的幼稚園延遲開學。不過，更嚴重的問題是，電視台的發射站遭受風暴吹毀，導致區內住戶無法接收到電視節目。當時大家都習慣了以電視作伴，突然間無法看電視，真的若有所失。沒電視看，唯有到朋友家嬉戲。

【漫畫創作】

這天推出的《黑色電甲》，也是我的原創故事，第一集畫得很用心，全部上色。當時自己定下目標，如電視般跨進彩色世代，把所有漫畫作彩色處理。

六十年代末流行的進化版「印水紙」，可以移印圖像在任何平面上。
這是日本出品，所以角色也是來自日本漫畫。

第六十四天 日記	18-8-71 星期三 (做老師)	今天早上弟弟真的上學了,到了大午二時半,我到林一鳴家去,我是去教他畫公仔的,到了下午,電視遲遲沒得看,所以趕又也沒得看了,到了晚上,原來明珠台有電視看了,我們只有看明珠台的古裝人魔片集,因為打風,所以星期三才有香港電視賣。
每日例話	18-8-71 星期三 飛天貓 (前文在90頁)	⑲ 救保護電! ⑳ 哇也瓜不 ㉑ 快飛快逃走吧! 生了 ㉒ 一於瓦道。 ㉓ 也醒了,東風內的飛魚貓 啊 發飛彈吧! ㉔ ㉕ ㉖ 哇我發腳夜 有了 用金輝脫殼吧
什記	18-8-71 星期三 真實故事 第(五)篇 會抱人的 溺屍 原著:善露斯·鄧波	全身的血好像都被凝結了似的。穿着船長服裝而滿臉都是鬍子的人站在船壁邊,眼睛一直瞪着我,「還活着!」想到這裡全身不禁起了一陣雞皮疙瘩,不知不覺的後退了二、三步。同時,船長的頭輕輕地擺動起來。「喂!鄧波!」好像在叫我的樣子向我靠近。「哇!」我叫出最大的喊聲。(下略)

充任導師
教同學「畫公仔」

【校園裏外】

這天到林一鳴家，是去教他畫畫。如前述，林一鳴的媽媽十分關注栽培兒子的才藝與學業，她希望兒子在藝術方面多點涉獵，知道我曾在學校的繪畫比賽獲獎，又看過我這本《日記》，覺得我「畫公仔」有點天份，故着我充任一鳴的「導師」。

平輩同儕突變師生？我怎懂得教授別人畫畫，視作遊玩而已，何況伯母又有茶點招待。我與一鳴友好，一起畫畫挺開心，其間去過幾次「授課」。我們也算認真，在桌上鋪開紙張一起畫公仔。

【課餘樂事】

受日前的風暴影響，電視發射站受損，過了一天仍未修理好，不但沒有電視節目，連《香港電視》雜誌也無法運到大埔發售。晚上，電視廣播終於恢復，卻只能收看明珠台，翡翠台依然落空。中文節目無望，英語節目也不要緊，收看了明珠台的劇集《百歲人魔》（The Immortal, 1970），由基斯杜化·佐治（Christopher George）主演，講述不死人的故事，頗為詭異。

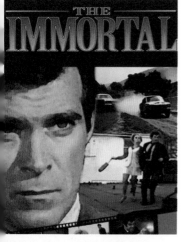

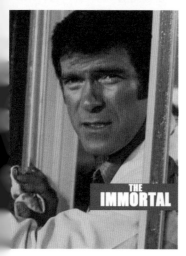

一部比較冷門的電視片集《百歲人魔》

第六十五天 日記	19-8-71 星期四	(參觀画苑)	今天早上九時才起床，林一鳴約 她去，林一鳴是在那裏學畫的， 直到下午十二時半才回家，回到 家吃物和喝 的泡水，因打風所以圖書也還了，只有故到 出面晒，到下午五時半看芝麻 她看有几几色的故事看教E 和媽媽冰心看，華「爸爸碰」，也很好 看，到晚上很怪聯聯。		
每日例話	19-8-71 星期四	(太空魔星) 第一集 (前文在80頁)			
什記	19-8-71 星期四	日本故事 人物介紹			
日本故事人物 介紹 ③		① 怪物くん ② ノーマン			

首次繪畫
跨頁大型畫作

【校園裏外】

林一鳴母親盡心盡力栽培兒子，找我指導他繪畫只是前奏曲，她更為兒子報讀了區內新仕畫苑的繪畫班，學習素描等正統的繪畫技巧。

我雖然愛「畫公仔」，但比較享受自己的興趣，天馬行空一點，下筆無拘無束，沒想過參加繪畫班。只是林一鳴拉我同行，我也沒所謂的去看看是怎麼一回事，純粹陪讀。那是一所較舊式的畫室，規模很小，激發不起我的興趣，稍為見識過就是了。除了在學校上過美術科的課堂，我從來沒有參加坊間畫室的正規繪畫課程，包括被視為繪畫基礎的素描。

台灣電影《落鷹峽》劇照

晚上又去寶華看電影，是台灣片《落鷹峽》（1971），以民初北伐戰爭作背景的戰爭打鬥片，台前幕後陣容鼎盛，甄珍、楊群主演，丁善璽執導。如前述，當時台灣電影在港相當受歡迎，除了文藝片外，武打動作片同樣有市場。這部電影當時在香港也挺賣座，票房逾71萬港元，排全年中外電影票房第23位。

【漫畫創作】

除《太空魔星》，還介紹日本故事人物，這一期的
角色來自手塚治虫的作品。早在小學時代已接觸到
大師的作品，奈何在港不容易看到，老在想怎樣可
以再多看一點。

這天繪畫自己的第一張跨頁大型畫作，更是彩色圖
像。這是取材自《MJ萬能號》（マイティジャック，
英文名稱 *Mighty Jack*），由圓谷公司製作的科幻
電視片集，於1968年在日本播映，香港很遲才購
入播出。當時我接觸到與其相關的模型產品，非常
喜歡及嚮往，奈何無力購買，尤其這一款大基地模
型，售價甚為昂貴，後來在日本漫畫雜誌看到一張
大幅廣告照片，於是依據它畫了這張跨頁大畫。之
前主要畫小型畫，繪畫如此大幅作品，還要添加顏
色，對我是考驗，最終也成功了。當時偶有繪畫大
畫，這是第六張，會作為禮物贈送朋友，與人分享。
跨頁大畫刊於書末。

手塚治虫的漫畫《諾曼》
合訂本，這是我在七十年
代後期於香港智源書局
買到的。

手塚治虫

| 1971 年 8 月 20 日 星期五 |

第六十六日日記	20-8-71 星期五	(沒趣的一天)	今天下午,林一鳴沒來我家,沒有東西玩,到了下午五時半才看芝麻街片集,到晚上看合家歡。

每日例話	20-8-71 星期五	黑白金剛 No.4 (前文在84頁) 7	

什記	20-8-71 星期五	超人———大怪獸	

1971 年 8 月 21 至 24 日共四天的日記缺頁

沒趣的一天：
悶活與童工

【校園裏外】

繼續放暑假的日子，之所以大呼「沒趣的一
天」，大概是好友林一鳴沒有來玩耍，只得
自己一個人。

我並不介意獨個兒，知道怎樣自得其樂，砌
模型、畫公仔、想創作，一個人也可以很充
實好玩。然而，總不能長時間只得自己一個，
我也喜歡和朋友一起玩耍。暑假期間，母親
很多時帶同妹妹一起回工廠上班，既可看顧
她，她也可以當上童工。那時候有這種現象，
法例沒那麼嚴格規管。獨個兒的時間，格外
覺得沒有趣味。

「Mighty Jack 秘密基地」大型模型

【漫畫創作】

除了原創的《黑白金剛》，還有畫極不厭的《超人》怪獸，一隻又一隻，
都有名字，實在很喜歡。也許《超人》原作者也料不到在遠方有讀者
如此着迷。

《Mighty Jack》是日本的科幻
電視片，港譯《無敵飛艇》。

| 第七十一天
日記 | 25-8-71
星期三 | (遊藝晚會 | 今天，林一鳴來我家，玩飛鏢遊戲，又飛飛碟，十分有趣，到了下午五時半，便看超人片集，今次是介紹說「裡星怪獸」的，又說一個太空人變成了一隻怪獸，他要回地球報仇，他又有一架飛碟，十分威風，是隱形的，後來用紫光線，B光線和H光線打回原形，後來超人才用水·噴他，他是很怕水的，所以死了，到了晚上，看聲宝之夜，看完了便去看遊樂場的晚會，那是由東莞同鄉會主辦的暑期康樂遊藝晚會，有很多歌星表演唱歌，如張圓圓，又有雜技和魔術等節目，直到晚上十一時許才散會。 |

| 每日側話 | 25-8-71
星期三 | 飛天貓
(前文在98頁) | |

童星張圓圓 大埔登台

【校園裏外】

大埔公眾球場旁邊有一小型休憩場地，我們稱為「遊樂場」。那兒設有籃球架，還裝置了一部電視機讓公眾觀賞，也可以辦小型公眾活動，備有觀眾座席。這天晚上舉行「暑期康樂遊藝晚會」。從我的記錄看，節目頗多，給我們鄉郊居民一個熱鬧的晚上。

活動由東莞同鄉會主辦。該宗親組織頗有規模，1971年的會長為周錫年爵士，同時設有新界地區分會。當晚請來「很多歌星表演唱歌」，有點聲勢呢！忘了有哪些歌星，日記只記下張圓圓，說不定是知名度

小小歌星張圓圓（後來改藝名為張德蘭），年紀輕輕歌喉已十分出眾。

最高的一位。這一年張圓圓約 12 歲，雖是童星，但不時亮相電視節目如《歡樂今宵》，獲美譽為「天才童星」，後來唱過配音科幻片集《鐵金剛》（スーパーロボットレッドバロン，英文名稱 *Super Robot Red Baron*）的主題曲。她年僅七、八歲，已踏足舞台載歌載舞，足見其天份，1968 年簽約堅城製片廠拍攝電影。當年如她這樣突出的童星不算多。

張氏曾在訪問表示「圓圓」是真名，與其童星身份不謀而合，很搭配。進入少女階段，開始演唱電視劇集歌曲如《鮮花滿月樓》等，大受歡迎。唱片公司東主建議她改用感覺成人一點的藝名。她沒有選用對方提供的名字，用自己宗教信仰的聖名成為張德蘭，之後歌唱事業穩步邁進，唱過不少熱門歌曲，唱片銷情理想。童星出身，難得並非只有剎那光輝。

【漫畫創作】

參考自《神奇小子》的《飛天貓》，連載四期後來到完結篇，比起部份作品爛尾收場，這十分難得。

當時大埔頗多社區活動，我通常都不會錯過。

《鐵金剛》電視片集的
中文主題曲正是由張圓
圓主唱

原名《Red Baron》的《鐵
金剛》日本版漫畫

| 1971 年 8 月 26 日 星期四 |

第七十二天 日記	26-8-71 星期四	(小老鼠)	今天早上，我算街上理髮，理完了看見李浩輝他便和我回家，他教我摺三種飛機，都是很好玩的，因為今天我和爸爸要出九龍所以他十一時便走了，我們乘十二時二十六分的火車出發，我們是去照相的，是照一幅全家福，我們到一元照相館去，照完了，便到海運大廈去，我們又吃東西，怎知貴極了，一杯雜果冰要三元二角，只吃了四杯，便十二元多了，我們乘四時零二分的火車回家，回到家裏我看見麵包裹有一隻小老鼠，原來是他想偷麵包吃，可是當入不當出，所以因住了，我們把他放在餅罐裹，又看五時華星女郎，可是看了一本，原來是重播的環了，直直至七時才有得看，到了晚上，爸爸到洪興飲酒，和我們看歡樂今宵。
每日例話	26-8-71 星期四	貓眼 👁 👁 怪童 (前文在74頁)	

影全家福
海運嘆貴價 Tea

【課餘樂事】

幾十年前，普通人家甚少自備照相機，更遑論如今隨時隨地拍照。反過來，當時人們對照相的態度十分認真，沖曬回來的照片也格外珍惜。部份家庭不定期到影樓拍攝「全家福」，記錄一家人齊齊整整的時刻，照片更會掛在廳堂。

我們一家不時搭火車往旺角閒逛，到奶路臣街跑一回書攤，又或到戲院看電影。這天中年我們前往壹圓大照相館拍攝家庭照。印象中已非第一次拍攝家庭照。我們的「全家福」格外人齊，寄居的「弟弟」也一起拍攝。壹圓大照相館現在仍然營業，位於西洋菜南街，店外招牌是壹圓攝影器材，店內懸起「壹圓大照相館」橫幅。我們拍完照片後，很多時會到比鄰的鑽石酒家飲茶。

這天我們再乘巴士到尖沙咀，遊覽海運大廈。當年大型商場尚未興起，海運一出現頓成地標。之前我參加活動已遊過一回，但今次不同，不單止遊逛，還成為消費者。在扶手電梯附近有一咖啡廳，大概開揚的環境很迷人吧！忘了誰提議內進消費，父母泰然的領着我們入座，點了四杯雜果冰，每杯索價三元二角，共計近十三元，連我這小孩子也意識到很昂貴。之前提過，街邊白粥、油條還是五仙有交易，麵家的麵食一碗也不過是一元數角，十多元可能是勞苦大眾一、兩天的收入。過後亦深深佩服父母的豪氣，這杯凍飲透視了商場的地位。

影完全家福，回到家竟有新「成員」。隨意擱於桌上的麵包，招惹老鼠偷食。小鼠相對可愛，我們沒展開殲滅戰，甚至捉鼠入餅乾罐，想飼養似的。最後不了了之，由得牠脫身吧！只能説我們一家都很喜歡小動物。

【漫畫創作】

延續繪畫《貓眼怪童》，雖參考自原作，卻非照抄，而是讀過後，加以組織再繪畫出來，也是一種創作鍛煉。

在「壹圓大照相館」拍攝的全家福照片，「弟弟」也在其中，組成一家五口。

童年點滴，滿載歡笑。

| 1971 年 8 月 27 日 星期五 |

第七十三天 日記	27-8-71 星期五	(找紙箱)	今天早上，阿叔來看弟弟，到了二時便走了，一會林 一鳴又來我家，爸爸拿了一個打火機回家，是 送的，我們設計一種車，十分有趣的，不過要 一個大紙箱，所以我們便到處找箱，可是只 找到小的，找不到大的，到六時才看芝麻街 ，又看六時半天上人間，因今天是乞巧節又叫七 夕，是牛郎和織女相會的日子，到了晚上，看 孖星報喜，合家歡樂，又看女里组片集。
每日例話	27-8-71 星期五	小黑 And And 小白 (前文在95頁)	
什記 三新故事在每日例話列出:	27-8-71 星期五	預告	① MAT AND 　萬能人 　之② 電氣怪獸　　②小旋風 　　　　　之⑤ 再战怪蚊妹　　③鐵甲人① 大魔獸

紙皮鐵甲人
鬧市中解體

【課餘樂事】

當時經濟逐步起飛，但難與今天相比，街外貨物絕
不如今天豐足，盛載貨品的紙皮盒也一個難求。我
們愛玩紙皮盒，創意無
盡。這天我和林一鳴設
計了一輛車，打算用紙
皮為製作材料，車子甚
至鑲有車輪，可以在街
上行走。想像是很美好
的，可惜材料稀缺，沒
有成事。

之前曾經做過另一手作，
幾近成功。當時很喜歡
看日本科幻電視片集《鐵
甲人》（ジャイアント
ロボ，英文名稱 Giant
Robo, 1967），想模仿
製作一件堅固的「鐵甲
衣」，穿起便變身「鐵甲人」。於是選用堅硬的紙
皮盒紙皮製作，最後造出一件細碼裝，最方便就是
找「弟弟」充任模特兒試穿。也許為方便穿上，先
除去他的所有衣服，結果「弟弟」真空上陣，只穿
這件紙皮衣。

無論漫畫版還是電視
版，《鐵甲人》都有獨
特的魅力，當年大受小
朋友歡迎。

「鐵甲衣」大功告成，自覺了不起，決定帶「弟弟」到街外繞場，向公眾展示。奈何紙皮材質實在「化學」，走不了幾步，「鐵甲衣」即解體，最淒涼的是「弟弟」霎時間在坊眾面前出洋相。雖則他只是四歲小孩子，還是很失禮呢！不過，那時真的很有創作意慾，有各種構想。

這兒還特別記下「今天是乞巧節，又叫七夕」，我這少年男子也留意到此傳統節日，因為當時「拜七姐」頗普遍。現在的農曆七月初七，幾乎再沒甚麼人提起乞巧節。

【漫畫創作】

有三個新的預告，包括了上文提到的《鐵甲人》，這部在 TVB 播出的電視片集，我超級愛看。

| 1971 年 8 月 28 日 星期六 |

第七十四天 日記	28-8-71 星期六	(七彩水晶宮)	今天早上，沒有事做，直到下午五時，便看五虎將片 集，今次是說魔女的，十分好看，直到六時 十五分，又看新片集「太空爭霸」，是西片，也很 好看，到了晚上，看九時半，寶華「七彩水晶宮」 十分好看，海底奇景，盡收眼簾，十分美麗， 尤其是珊瑚，又有白龜生蛋。今天的地球 保衛戰是（蜂王素B）。
每日例話	28-8-71 星期六	黑白金剛 No.5 (前文在102頁)	
什記 每週電視(七) 超人片集	28-8-71 星期六	每週電視 (七) ・怪龍 ・星人	

品味是這樣煉成的

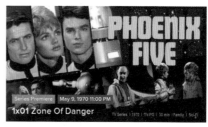

來自澳洲的罕有科幻電視片《太空爭霸》，可惜內容比較沉悶。

【課餘樂事】

在家持續欣賞電視節目，又經常到戲院看電影，接收了林林總總的影像信息，在理解、分析、品味上，有潛移默化的效果。

電視台啟播不過幾年，來自各地的外購節目不少。日劇佔一定比例。這兒寫到看《五虎將》，就是日本製作的時裝偵探片集，8 月下旬剛推出。之後看的《太空爭霸》（Phoenix Five）則是澳洲製作的科幻片集，1970 年在美國 ABC 頻道播出。澳洲的製作鮮少出現在香港的電視，可是，與美、日的出品一比較，便看到落差。此片節奏沉悶，「口水戲」頗多，常以對白交代，沒甚麼特技或動作場面。當年我只是 11 歲，也看得出當中的差距，畢竟看過一定量的影視作品，多少懂分辨。

晚上九時半到寶華看的電影《七彩水晶宮》（The Great Barrier Reef, 1969）則精彩得多，至少我在這兒連連讚賞。對這部比利時攝製的紀錄片，我印象很深刻，攝製人員潛入南太平洋海底拍攝，水底景觀漂亮不已，我這兒也特別提到珊瑚，畫面「十分美麗」。此片於 6 月底在市區的首輪戲院公映，放映了 21 天，可見頗受歡迎。直至 8 月底才來到大埔放映第二輪。當時報章的宣傳語句聲稱：「榮獲威尼斯影展冠軍」，可是該影展於 1969 至 79 年間沒有設競賽項目。

【漫畫創作】

另一個小成果，連載了五期的原創作品《黑白金剛》來到完結篇。此外有《超人》片集的怪獸。

| 第七十五天 日記 | 29-8-71 星期日 | (到二嫂處) | 今天早上十一時，便和媽媽到二嫂處玩，直到十一時許，本想走了突然弟弟也來了，原來他回來不見有人，便帶叔到這裏來，到了二時我才回家，我又做了很多公仔，是用手繪畫做的，由於昨天至今天一共做了九八個，有：Q太郎，稻天俠，東尼安妮，機器人，長毛怪，金星小俠，四个怪人等，我又做了一個座，到晚上，看青春火花片集。 |

每日倒話 29-8-71 星期日	萬能人

ＭＦ 萬能人

NO.2 電氣怪獸

① 電對我們是很重要的。

怎麼停電了

② 正要吃飯，原來有一只怪獸

③ 出動。三号机已

我們幸着畫看！

④ 颯！

三号机預備出

⑤
⑥ 攻來！
⑦ 已看見怪獸了。
⑧ 動！

什記 29-8-71 星期日	覆告

SUPER ROBOT

在什記刊出「無敵鐵甲人」所道具之制作法將

事在每日倒話刊出，七彩。「無敵鐵甲人」之故

做工廠外發件工
幫補家計

以往小孩子對親屬稱謂有較明確的概念。源於家庭人口眾多，不同長幼輩份的親屬組合同時存在，每當聚會見面，家長總會清楚指導如何稱呼，以免「無大無細」失禮。同時，往往家族人口眾多，即使是同輩的成員，年齡差距亦較大。今天小家庭盛行，情況有別。

我父親兄弟眾多，他排行最小。其長兄就是我的大伯爺，時年近七十，育二子，即是我的堂哥，與我有廿多歲差距，都已成家，幼子的妻室就是我日記寫下前往探望的二嫂。他們也居於大埔，大家時有往還。

（上圖）我母親與二嫂的合照，應該是農曆新年期間互相拜年。

（下圖）我們一家四口與二嫂合照，前面兩個小孩是二嫂的子女。

今昔孩子另一差異，就是以往要幫忙家庭生計。好些少年提早輟學，當上學徒，即所謂「學師」，掌握一門手藝謀生，像修整汽車、機器或進入飲食業。即使毋須當童工，在家中也要幫手幹活賺錢，最常聽到的是穿膠花。六十年代以來，香港輕工業拓展，像塑膠、紡織、電子業等，工廠很多時把簡單工序外發給市民處理，多以留在家的主婦為對象，她們也樂得毋須太困身下賺點收入。

我家也有接這些外發件工，並非穿膠花，做得最多的是「反手套」：
先把手套內裏的線頭修剪妥當，再反回原面。其間會有爛掉的，這些
剩餘物資握在我手，便想到如何物盡其用來做創作。於是我把手套的
手指部份剪下來，加以綴飾成為手指公仔，角色都是我心愛的Q太郎、
飛天俠等，做了八個。有陣子我很投入製作這類手指公仔。

後來搬到葵涌，我家曾接到製作風箏的件工，是大型的塑料風箏，我
們負責置放骨架的工序。這種大型風箏在港並不流行，屬外銷貨品。
市民大眾在擠迫的居所，見證、貢獻着香港的經濟發展。

【漫畫創作】

開始另一個新連載：《萬能人之電氣怪獸》。「萬能人」是我起的名，
參考自《超人阿鄉》。預告提到的「無敵鐵甲人」道具製作，就是我
做的手指公仔。

76

1971 年 8 月 30 日　星期一

第七十六天 日記	30-8-71 星期一	(沒趣)	今天沒有事使媽去街，直到八時才回家， 和一哥來我家。

每日例話	30-8-71 星期一	小空傑(C) 之③ (前文在89頁) 9	

什記	30-8-71 星期一	無敵鐵甲火 特刊 白色粉 紅光 黃色粉 藍色粉 紅色粉 氣槽	
	W.C.		
	R.L.		
	Y.C.		
	B.C.		
	R.C.		

沒趣日子，手指公仔添趣

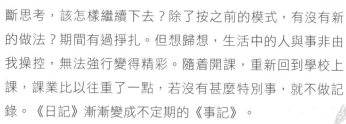

《芝麻街》全人，
中間是安尼與阿拔。

【校園裏外】

暑假已近尾聲，《日記》寫下「沒趣」、「沒有事做」等文字，反映了當時的心情。

到此《日記》已寫了七十多天，雖然仍有恆心繼續，但內容已見重複，來去類似的人與事，即使有同學讀者看，趣味已不如早期。為此我不

斷思考，該怎樣繼續下去？除了按之前的模式，有沒有新的做法？期間有過掙扎。但想歸想，生活中的人與事非由我操控，無法強行變得精彩。隨着開課，重新回到學校上課，課業比以往重了一點，若沒有甚麼特別事，就不做記錄。《日記》漸漸變成不定期的《事記》。

【漫畫創作】

我依然認真的繪畫，這天《小空傑》來到第三集，繼續細心地填上顏色，邁向全彩色漫畫。

前文提到家人做工廠外發「反手套」件工，我利用剩餘的破手套，貼些紙碎，加上觸角，製成手指公仔。這天繪畫的多個怪獸圖，全部頭頂圓圓的，呈圓柱狀，就是把我做的手指公仔繪畫出來。這個手作是受到《芝麻街》的啟發。《芝麻街》把布公仔把玩得活靈活現，突破了傳統玩偶較呆滯的表演方式，生動得多，驅使我模仿製造類似的公仔。

女同學在我另一位
學趙燕萍的紀念冊
言，難得的是全部
照片。

回到 1971：香港小學生日記

247

77

1971 年 8 月 31 日　星期二

第七十七天 日記	31-8-71 星期二	（玩紙箱）	今天下午，爸爸回家，全人吃了一支鳳仙，我們便到樓下拿三個紙箱上來玩，砌一個、冰心、一個，第一個，又吃東西，到五時半看快樂天地，是說縮形的，到晚上，看冷暖親情。
每日例話 ·由「水力一号」對付宇宙船·	31-8-71 星期二	怪獸大進軍③ 〈決鬥宇宙船〉	（七彩）怪獸大進軍之③　司是天空中突然飛出一架太空宇宙船，原來他便控制宇宙怪獸的星人太空船，是木佐和山川去通知隊長，加路也在電視傳真看到了，隊長便命令怪獸攻擊宇宙船，可是那太空船有一個保護罩，所以不怕怪獸的攻擊。加路和木佐等人類便乘上最新發明的戰机「水力一号」，「水力一号」是一架利用地球氣氣經過機器而變成水，靠水力來活動的原子水力戰車机，「水力一号」已出動了，於是由「水力一号」對付宇宙船，恐龍、神娥、原始龍和鐵翼鳥一同對付宇宙怪獸了。一場激烈的戰爭開始了。　（下期）

鳳仙雪條
貴氣突圍

【課餘樂事】

如前説，當時紙皮箱難求，這天竟找到三個，玩得盡興。另一快事是
父親給我們買來雪條品嚐，是當時新款的另類雪條。

「鳳仙」雪條，當年人大概都記得，是牛奶公司推出的全新特色雪條，
同系列還有「旺寶」。從產品名稱及包裝，看得出走活潑路線，增強
市場競爭力。當時從外地引進的雪山雪糕，與牛奶公司成為凍品的兩
大品牌，競爭激烈。雪山的包裝、營銷手法較新穎，後來還搞「聯乘」
產品，隨電視片集《小露寶》熱播推出印有角色圖案的「蓮花杯」。

牛奶公司也在產品上求進，「鳳仙」、「旺寶」這系列產品從傳統雪
條突圍，我們過去常吃的「紅豆糕條」更不能相提並論。這兩款新產
品大搞混合口味與口感。「鳳仙」以香蕉味外層裹着一層呍呢嗱雪糕，
最內層是芒果醬夾心，而「旺寶」則是橙汁味外層裹着呍呢嗱雪糕。
「鳳仙」比「旺寶」高級一點，售價也貴一點。時興「復刻」，這雪
條系列近年也再推出。

【漫畫創作】

繼續推出《怪獸大進軍》小説，糅合多部日本科幻
片集的內容。

「雜記」設計了一隻飛碟，依照從日本雜誌看到的
圖片加以模仿繪畫。現在看來無疑很簡單，當時
也花了心思繪畫，用剖面圖形式，解剖內部結構，
各有功能。另一特別之處是標題用上「超特急」這
字眼。當時香港仍未流行用這類日式漢字，我從日
本雜誌看到，備受衝擊，不僅特別，甚至感覺「好
勁」、有氣勢，於是在《日記》中採用。「大特集」
也不時出現。從後來的發展來看，少年的我也是有
市場觸覺的。

兩大本地雪條名牌——
「鳳仙」與「旺寶」。

動畫師馬修
筆下的「我的童年

| 1971 年 9 月 1 日 星期三 |

第七十八天 日記	1-9-71 星期三	(暑假最後的一天)	今天早上，收拾好書包，預備明天上學，一會，林一鳥來了，我們便玩，直到下午五時半，看超人 (ULTRA MAN) 片集，今次是說星球怪獸的，是說科學班巡邏隊到一個星球去取保險絲，那裏有兩隻怪獸，一隻是星球怪，他的眼睛很厲害，有一種強光，另一隻被他打死了，超人今次先用珠光和光圈，但怪獸不怕，還把超人打倒，後來超人用武器把他打死，到晚上看萬能神探等節目。

每日例話　1-9-71 星期三

小旋風 血戰怪蜘蛛

① 你是誰？　④ 甚麼條件？⑦

② 痛死我矣！　⑤ 我本是千年山蜘蛛精，我到腳板被利插著了。

③ 好像有聲音。　⑥ 勇士可以　⑨ 這樣好吧！　（全期完）

什記　1-9-71 星期三

翡翠及明珠台 ～～～～～（節目時間表）～～～　電視節目時間表

「彗星女郎」MON.5.00	「太空小英傑」WED.5.30	(彩色世界) SAT.6.05
「紅粉健兒」SUN.8.00	「佳偶天成」TUE.8.00	(太空老鼠) SAT.4.00
「萬能警官」MON.5.00	「五虎將」SAT.5.10	(芝麻街) M-F.5.30
「足球小將」TUE.5.30	「太空密探」SAT.3.00	(神貓) SAT.5.00

電視節目
十二精選

恐怖漫畫大師楳圖一雄筆下的《超人》，別有一番風味。

【校園裏外】

暑假來到最後一天，執拾好書包準備明天開學。然後如常，與來訪的林一鳴嬉戲，一起看電視。

【漫畫創作】

原創的《小旋風》漫畫，沒有上色。較特別是「雜記」，把一星期的精選電視節目抄錄，一口氣列出 12 部，公告讀者，多少屬填位之舉。這些節目是我喜愛的，卻非全部都是少年節目，《日記》經常記錄的《彗星女郎》自然有，更有相對屬於大人節目的劇集，如《五虎將》及膾炙人口的《佳偶天成》（另譯《三人家族》，1968），竹脇無我、栗原小卷合演，當時我鍾愛得很。

除了上述日本製作，還有美國的《芝麻街》、《彩色世界》、《神貓》。升中上學後，仍追看這些節目，電視在大眾生活中佔有相當重要的位置。電視畢竟是新興產物，免費廣播，覆蓋面廣，獲得年輕人追捧，在校內與同學聊天，自然談到電視及各種周邊產物，如與片集關連的模型、玩具、歌曲等，當時電視的影響力實在很大。

望月三起也的《JA》漫畫在六十年代末的香港也相當流行。

| 1971 年 9 月 2 日 星期四 |

第七十九天 日記	2-9-71 星期四	(開學的一天)	今天早上,我起九點,所以八時半才起床,準備好便上學去,見到舊同學很高興,沒有事做,放學回家,見林一鳴又來,我又玩東西,爸爸回來,到了五時,看夢星女郎片集,今次十分好笑,到晚上很早睡覺。
每日例話	2-9-71 星期四	黑色電甲 (七彩) (前文在97頁)	⑩ ⑬ 吼! 怪獸向岸上走去! ⑯
			⑪ 嗚…… ⑭ 噯! 正在海面巡邏剛巧遇見黑色電甲 ⑰
			⑫ ⑮ 怪獸記錄打破!轟 (下期) ⑱
什記	2-9-71 星期四	無敵鐵甲人 —特刊—	太陽神 ←鐵線 蝙蝠王 ←鐵線 毛龍 W.C.
無敵鐵甲人 の 1			←鐵線
怪獸製造法 の 2			嗇怪 R.L. Y.C. 三頭龍 T.W.C. R.C. 星怪人 控掣→

升上小六的
開學日

【校園裏外】

經過漫長的暑假，期間和要好的同學時常聚首，但能夠回到學校，與其他同學見面，心情還是開心的。升上小六，是小學的最後一年，要應付升中，相信功課會增多，準備跨進人生新階段。不過，開學第一天還是悠閒的，沒甚麼特別事。

【漫畫創作】

《黑色電甲》漫畫七彩登場，繼續向漫畫全部彩色化的目標走。我喜歡為漫畫上色，感覺畫面精美很多。這天故事繪畫海洋怪獸，着上綠色，十分醒目，也合乎大眾對海洋怪物的普遍印象。

「雜記」的「怪獸製造法」，就是我用手套改製的手指公仔。我很認真的繪出整幅設計圖，甚至添加模型玩具的迷你燈泡，接上電池就能發亮，令公仔頭格外美觀。

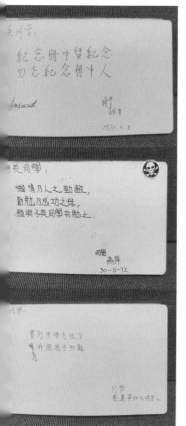

三位女同學莫美儀、趙燕萍和蔡蓮都在我的紀念冊中留言

2023 年底，我和這三位女同學又重聚。

| 1971 年 9 月 3 日 星期五 |

第八十天 日記	3-9-71 星期五	(鬼節)	今天早上,照常九時上課,是由張先生做我們班主任,他選了我做領袖生,到了二時半,看全都是"騙鬼",是和路迪士尼的,十分好睇,看完了,到下午,林一鳴請我吃飯,因今天是鬼節,吃完了又看人燒衣,送放孔明菜,到晚上爸爸休息,看雙星報喜。
每日例話	3-9-71 星期五	小黑 and and 小白 (前文在109頁)	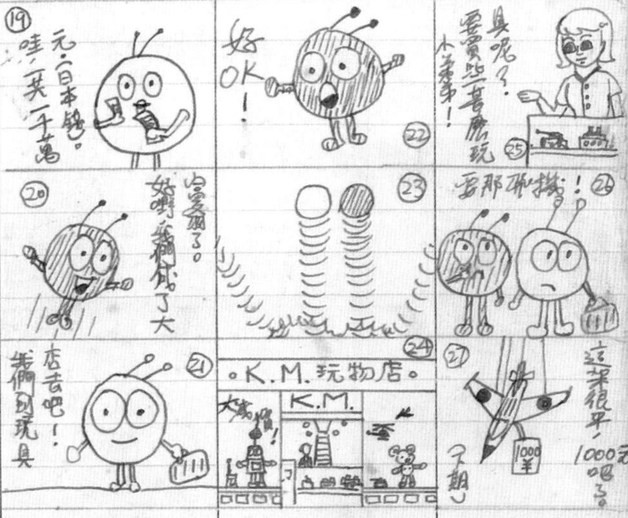
什記	3-9-71 星期五	特集 (雷鳥)	

THUNDERBIRD

雷鳥 (下)

當年人重視鬼節
燒街衣

【校園裏外】

正式上課，張崇德老師擔任班主任。當時校內的老師相對成熟，甚至較為年長，張老師則較年輕。他之前執教體育，人挺有活力，風趣好玩，教學方法新穎，有別於其他較古板的資深老師，單單選我這向來操行遜色的學生做領袖生，已可見一斑，我當然開心。

到同學家進餐外，還去「看燒衣」，彷彿餘興節目。那時候，市民仍謹守傳統節日的習俗，像這天農曆七月十四「鬼節」，民眾會在戶外「燒街衣」祭亡魂。在大埔，周遭多屬商住樓宇，坊眾大多依從俗例，這夜處處見人拜祭燒衣，火光熊熊。哪管是否迷信，卻體現民俗風情，亦反映百姓對生活的信念。

小學六年級班主任張崇德老師在我的紀念冊中留言。

【課餘樂事】

前文談迪士尼趣味十足的真人影片，提到的《黑鬍鬼》，這天我便在金都觀看。該片先於 1970 年 3 月以「復活節巨片」的姿態在港島的首輪西片戲院皇后、皇都、文華公映。影片不僅故事新鮮風趣，配合生動的特效，加上笑匠彼德‧烏斯汀諾夫（Peter Alexander Freiherr von Ustinov）、甸‧鍾士（Dean Jones）演出，表演出色，可說百看不厭。公映戲院之一的皇都近年成為話題，連帶該院前身璇宮戲院的創辦人歐德禮（Harry Odell），其對本地文化娛樂的貢獻也被重提，而這部片當年正是由他的公司發行。

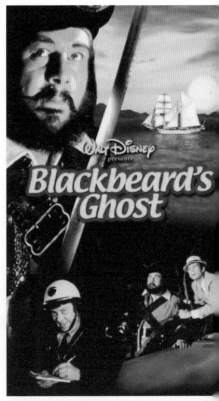

【漫畫創作】

原創的《小黑與小白》，依然是黑白。「雜記」則繪畫了取材自英國片集《雷鳥》的圖像。這個英國木偶科幻劇當時只在英文台播放，沒有配音，我依然看得津津有味，所推出的模型更砌過不少，十分喜歡。於是憑記憶繪畫了這些圖畫，作為「預告篇」。

和路‧迪士尼的經典電影《黑鬍鬼》，當年在戲院看了多次。

| 1971 年 9 月 4 日 星期六 |

第八十一天 日記	4-9-71 星期六	（小郵票）	今天是長週要上課,到了十二時,林一鳴來我家,一會呂天倫,何萬勝和周庚生也來了,我們本預備到林百苦家去玩,後來色回來了,我們看地球保衛戰片集,今次是映電波怪獸的第一集,十分好看,看完了到街上去玩,後來到盧紹元家去,我拿回了很多小郵票版,十分精緻又美麗,到五時半看五虎將,今次是大破騰勁豪黨,十分好看,沒有看太空爭霸,到了晚上,看五面殺童。很夜才睡覺。
每日例話	4-9-71 星期六	小空傑（C） 之④ （前文在112頁）	B-B-B-～ ㉚ / 那是小空傑的飛船! ㉛ / ㉞ / 轟轟! ㉙ / 戰鬥隊出動! ㉜ / 再發砲光-圖 ㉟ / 那東西? 那架是甚麼 ㉚ / 這些便是金屬人的戰鬥隊! ㉝ / 吼! ㊱ （下期）
什記 ①電雷戰机 ②母子机 ③地中戰車	4-9-71 星期六	特集 （挑戰者）	No.1 No.2 No.3

半顆心參與集郵活動

【校園裏外】

週末回校半天，之後與眾多同學聚首玩樂。提到前往同學盧紹元家，印象猶深的是他居於洋樓，樓層相對高，面積挺大，我時常去玩耍。這天到他家取郵票。

想當年，少年人大多愛集郵，被視為有益身心的興趣。我的同學不少都愛集郵，說實話，自己興趣不大。可是，見其他人紛紛參與，人玩我又玩，尤其有親友移居英國，寄來的信件貼上當地郵票，推動我集了一陣子。縱然備有集郵簿，也會和同學交換郵票，但不會太考究地把黏貼在信封的郵票浸水剝離，加以風乾，也沒有四出搜尋特別的郵票，並非很上心的經營一門嗜好。

【課餘樂事】

前述當時 TVB 回應觀眾詬病「殘片」太多，故於週末黃金時段以「名片精選」包裝，播放較新的舊片。這天晚上十時半看的粵語片《玉面煞星》正是其一。這部 1969 年首映的古裝武俠片，由謝賢、蘇青、張英才主演。當時家人甚少帶我們去看粵語片，對粵語片的認識，更大程度來自電視。

【漫畫創作】

《小空傑》繼續連載，塗上醒神的彩色。「雜記」設計了戰機、戰車三款，很簡單。

| 1971 年 9 月 5 日 星期日 |

第八十二天 日記	5-9-71 星期日	( )	今天早上，石角上課，和媽媽	

《日記》出現了變動，同一頁接下來是 10 月的內容，之後續作介紹。

內容
沒有完成

也許寫作上遇到問題，這天只寫了幾隻字就中止了。

曾經跟我一起合作畫
漫畫的何萬勝同學在
紀念冊中留言

同學周民生在紀念冊
中留言

日記	18-9-71 星期六	(模型船)	今天早上要上課,到了十時許,老師便帶我們到下面去,因為總督要走了,所以很多學校都一同歡送港督,今天媽媽出九龍,我和二嫂一同去,回到家裏,便出街玩,先又買了一架模型船「海景號」即海底歷險記的潛水艇,又買了一架模型車,是上鍊的,是送給弟弟的,到了二時,何萬勝,黎偉鴻和周民生也來找我,我和何萬勝,周民生一同到哮喘灣去捉魚,十分好玩,到晚上七時半,媽才回家,到晚上很早睡覺。今天又看太空爭霸和玉虎將,地球保衛戰映紅色炸彈。
每日例話	18-9-71 星期六	萬能人 (敵文120頁)	吼! ⑲ 怪獸和萬能人對打! ⑳ 萬能人飛起避過電光! ㉑ 將蠶蛾又放出! ㉒ ㉓ 萬能人射出新武器! ㉔ ㉕ 蠶蛾纏結了。 怪獸被打中! ㉖ ㉗ 萬能人放電眼!

原《日記》沒有記下天數,只有上述的日期。

別港督戴麟趾
遊大埔嘛囉潭

【校園裏外】

兩件不相干的事，都值得一記。《日記》寫下「總督要走了，所以很多學校都一同歡送」。

港督戴麟趾爵士於 1964 年到港上任，直至這一年離任，前後七年，與港人同度幾許重要時刻，包括「六七暴動」（左派稱「反英抗暴鬥爭」）。離任前夕，1971 年 10 月 12 日，他在督轅府舉行園遊會，與本港官商界話別，繼之在 10 月 18 日黃昏七時許，透過電台、電視台發放廣播，向市民道別。然後，10 月 19 日下午五時四十五分，港府於中區皇后碼頭舉行送別儀式，港督戴麟趾正式榮休離

「嘛囉潭」有不少人暢泳，我也經常會到此一遊。

港。至於當天我們在學校的歡送活動，依稀記得學生被安排到操場聚集，聆聽老師宣講關於港督離任事宜。我就讀官立小學，學校較重視這事情。

對於少年學子，尤其居住在偏遠的新界，雖然留意到此等消息，但始終有點距離。這天下午，和幾個同學到嚛囉潭捉魚，才是更貼近生活的活動。當中的黎偉鴻，是我在校的鄰座同學，很友好，他之前到日本大阪遊覽萬博，也給我送上紀念品，這天我們一起涉水嬉戲，同樣玩得開心。

大埔嚛囉潭是個好地方，屬區內的特別景點，當時我們一群少年常去玩樂，現已消失了。該處不難找，在舊大埔墟火車站，穿過火車橋橋洞，沿着一列住宅，走過一段高低起落的迂迴石階路，不旋踵便到達。那兒是一個長方形的水潭，水源來自桃源洞。水潭雖小，水質頗佳，儼如泳場，周邊有棚屋，又設食店攤檔，有飲有吃，還有地道的雞仔餅。一如任何溪澗水潭，總有靈異傳說，算是添加了話題，不足為懼，不懂游泳的我也來玩水。現在回想嚛囉潭的一景一物，仍懷緬不已。

「海景號」的不同大小模
型玩具,當年買過不少,
現在都已成了高價的古董
玩具了。

第九十五天 日記	19-9-71 星期日	(做部)	今天早上，看西部鐵金剛片集，看完了我便繼續切完昨天的摸型船，到了下午，才切成功，十分好玩，李思道又來我家，到了三時，看星球歷險記片集，到下午五時，我叫冰心到周民生處去借打孔机，我做了一本部，到了晚上，我們一同看青春火花片集。
每日例話	19-9-71. 星期日	小旋風 ③ (前文在121頁)	

完全手作的年代

【課餘樂事】

相對於今天電子化、電器化的年代，沒耗用那麼多電力的當年，手作功夫是主導，一雙手可以做出很多趣味、很多可能性。

這天動用雙手做了很多。我喜歡砌模型，把昨天購買的「海景號」模型船砌好，只花兩天便完成，心急看到完成品。之後做簿——製作記事簿。記事簿街外有售，但廉價貨十居其九質料粗糙，包裝千篇一律、呆板、沉悶，我樂於找材料自製個人化的記事簿。當年大家可以用的物資有限，早已崇尚共享，不自覺地遵從環保原則。妹妹很好，仗義幫忙完成借用打孔機任務，讓我把紙張開孔穿繩，製成記事簿。猶記有一次着她到另一同學家借來遙控坦克車玩耍，玩具體積頗大，她順利借到，還奮力托着帶回家，厲害！同樣，發揮了肢體力量，這並非電器化年代所必須的。

【漫畫創作】

繼續我的原創作品《小旋風》，還是黑白作品。

當年只可以觀望的高價模型，結果相隔數十年才有機會擁有。

另一喜愛的模型玩具，來自《潛水艇707》這部漫畫作品。

| 第八十三天 日記 | 27-10-71 星期三 | （重陽節） | 今天早上，我又重寫日記了，今天因為是重陽節，所以爸爸休息，準備帶我們去玩，我們先到嶺南飲茶，我又見到梁海山，唱完了便到獅山去玩，準備拍一些照片，怎知去到了，只是山路，一點風景也沒有，我們便坐火車到九龍，再搭船到香港大會堂去，拍了一些照片，便到高座八樓去看沙龍攝影，看完了便坐船回去，再乘四時零二分的火車回家，回到家剛巧五時許，到五時半，便開電視看超人片集，今次是映「酋長怪獸」的，是說玩具店有一隻小怪獸出現，各叫「畢蒙」即地球保衛戰的那隻腦波怪獸，他說有一隻怪獸王正領着六十隻怪獸來侵略地球，除非把那怪獸王打死，否則便不堪設想了，那隻小怪獸便帶拜學巡邏隊去找那怪獸王，怎知遇到兩隻怪獸，一隻是彗星怪，一隻是長鼻怪，一隻把「畢蒙」打死了，後來都被伊藝打死了，後來那一隻怪獸王出現了吉田實超人和他打，怎知他很利害，還會放出一些羽毛，把超人插着，後來超人用一塊玻璃糖搭住了，後來超人把他舉起，再由伊藝用放光化骨鏡把他打死了，到了晚上，看聲寶之夜，（上等貨）的超人是映，小怪獸來到地球的故事，有一隻怪獸含超人的眼睛了，後來超人用珠光把他打死，又有重量怪獸，超人和他相撞而把他消滅，宇宙星人，超人和他打成平手，又有三隻怪獸出現，犀角怪獸故超人打死了三，地球保衛戰上星期六是映「雪人」。 |

大埔禁山
沿幽徑探秘

【校園裏外】

日數承接之前 9 月 5 日寫的「第 82 日」，日期卻已是 10 月 27 日，屬擱筆之後再度寫日記，之前停寫了一陣子。之所以停寫，大抵是自己疏懶了，加上升上小六後，接觸到其他新鮮事，分了心。當然，翌年便要升中，功課等方面也繁重了一點，耗去一些時間。直至這天，又想再寫，確實有些事想記下來，一口氣寫了一整頁。

【課餘樂事】

這天是重陽節假日，父親休息，一家人郊遊。飲過早茶，前往錦山遊歷。大埔的「錦山」，前稱「禁山」，讀音看似不吉利，後改稱錦山。

那兒豎立的牌坊也書以「錦山」。1956 年 11 月報章報道政府逐步在新界區增設路燈，提到「大埔墟內禁山附近之通達村內道路，亦沿路敷設新路燈，已告完竣」。及至 1981 年新聞報道，仍見「大埔禁山村一男子追兇」的標題。

於香港大會堂前面的我，應該四歲左右吧。

回到 1971⋯香港小學生日記

禁山位於舊大埔墟火車站後方的山地，及至泮涌路，內有村落，但偌大的範圍也見荒蕪。沿幾條小路可進山，父親領我們沿路朝山上走，越深進，景色越怪異——野草又長又密，黏得我們一身「黐頭芒」，之後見前方地上殘留破碎的花紋瓷磚，看來已接近民居。母親見狀警戒，認為應止步，父親卻斗膽繼續探索，再走深入一點，赫見一道大閘，後有古老大屋，周圍雜草叢生，破落陰森，地上正鋪設花紋瓷磚，氣氛恐怖，我們便折返火車站。

之後乘火車往九龍，過海到香港大會堂，參觀了高座八樓的「沙龍攝影」展。父親喜歡拍攝照片，卻沒閒暇投入。當時香港藝術館仍設於大會堂高座十至十二樓（英文標示為 9/F to 11/F，香港藝術館在 1991 年遷至尖沙咀），而八樓的畫廊主要供坊間團體舉辦各式藝術展覽，大會堂高低座是當時市民接觸藝術活動的重要場所。

這天文字量如此豐富，源於《超人》片集的吸引力。這一集「酋長怪獸」，「比蒙」怪獸引出大量怪獸，相當精彩，寫了一大段，再而補充之前所看集數的內容，其他漫畫及「雜記」需要暫停。

起人與他的死對頭巴魯坦星人

我、妹妹和「弟弟」攝於中環遮打花園

| 第八十四天 日記 | 28-10-71 星期四 | (無敵鐵甲人) | 今天要上學，但是下大雨，所以要媽媽送雨衣給我。今天吳先生請假，所以不用上英文堂。放學回家，看麥精維他奶。到了下午，先做了兩個布偶(即手指套布公仔)一個是「無敵鐵甲人」一個是「怪獸布多斯」，無敵鐵甲人的故事將會在每日倒話推出，又在什記裡刊出各種怪獸製造的方法。到五時看鬥獸郎片集，今次是說有一隻人身龍的，十分好看又好笑。到了晚上看「玻璃動物園」又看歡樂今宵。 |

| 每日倒話 | 28-10-71 星期四 | 鐵甲人 NO.1 | |

鐵甲人

NO.1 大魔獸

(七彩)

① 怪物体 啊雷達上有可

② 哈，哈，我便是…… 調查。 立刻到當地去 U・307，你們

③ 統治地球的玻羅汀大帝！

⑥ 遵命！

④ 鐵甲人

⑤

⑦ 鐵甲人出動！

⑧

⑨ 了。 鐵甲人出動

| 什記 | 28-10-71 星期四 | 預告 「太空小英傑」·ESPER· | 由129頁起增加一個全部七彩製作之科學幻想故事。「太空小英傑」ESPER，第一集用特大号刊出。本故事內容新穎，由無線電視翡翠台每星期三五時半播出之電視片集「太空小英傑」改編，請留意。 |

自創自演布公仔秀，
我的幻想

【校園裏外】

學校位於山上，下大雨時回家相當煩人，故母親送來雨衣。回家後，喝麥精維他奶，日記中要特別註明，可見當時屬於特別的飲品。

維他奶於上世紀四十年代面世，在經濟初步發展的社會，打穩營養豆奶飲品定位，有相對健康的優勢，足以和汽水競爭。麥精維他奶於六十年代初推出市場，1971 年我飲用時仍作備註，顯見吸引力依然。1962 年 7 月 13 日《華僑日報》載短訊指該飲品生產商「不斷地研究改良出品的質素，『麥精維他奶』便是該公司數年來苦心研究所得最滿意的新出品，『麥精維他奶』含有豐富的麥精、蛋白質、脂肪和多種維他命，營養價值勝過牛奶，也比牛奶更易消化與吸收」。

【課餘樂事】

運用手套剩餘物料製作的手指公仔，續有新作。這天我記下這種手指公仔稱為「手指套布公仔」，因為受到《芝麻街》的布公仔啟發而創製。

《鐵甲人》片集經典的開場片頭

當時很用心的設計和製作了多個人物角色，包括主角「無敵鐵甲人」及一批怪獸，更和讀者分享製作方法。那時候擬定了目標，自勉前進，希望可以像《芝麻街》般，把玩自製的手指套布公仔，向同學表演「布公仔劇場」（Muppet Show），過程更可拍攝下來，往後播放觀賞。幻想的天空無限大，卻何來資源去實踐？

原裝日本雜誌連載《鐵甲人》

看電視是每天的重要活動，繼續兼容並包，像這裏提到的《玻璃動物園》，是「電視劇場」的新戲碼，於 10 月 21 日起逢星期四晚八時播出，每集半小時。改編自田納西・威廉斯（Tennessee Williams）的劇作，由馮淬帆、湘漪、張之珏合演，單單此背景已感受到濃烈的文學氣息，當時的我照樣觀看。

【漫畫創作】

《鐵甲人》電視片集是我當時的至愛，自然要在《日記》重現，兼且很用心的塗上顏色。同時，以興奮的心情公告 TVB 將播出片集《太空小英傑》（光速エスパー，1967），因為之前已讀過《太空小英傑》的日本翻版漫畫，主要角色名叫伊斯巴，對這片集很期待。

第八十五天 日記	29-10-71.(天王諸假) 星期五	今天上學,莫生遠未返,放學後,沒有事做,到了晚上看 冷暖親情等節目。

每日例話	29-10-71 星期五 萬能人 (前文在川頁)	

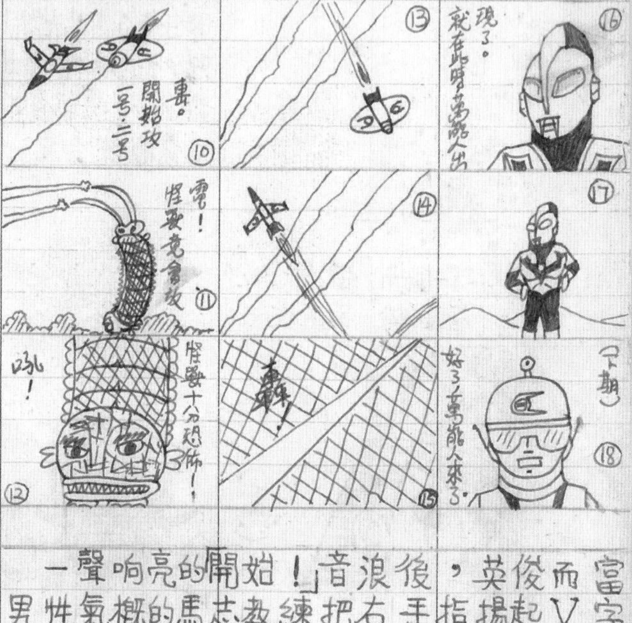

什記 29-10-71 星期五 青春火花 SIGN V

《青春火花》
SIGN V
電影小說
No.1

一聲响亮的開始！音浪後，英俊而男性氣慨的馬志教練把右手指揚起來。日本全國最優秀的女子排球員所組成的這一支日本女子排球代表隊，非常敏捷和極有紀律地集合起來，她們將在遠征歐美，為國爭光。代表隊的主將蘇佳由美，在這集合的一刹那間，迴想起事…………「那我會決定那年，蘇由美加了組成不久的立木大和隊，經過了幾球藝測驗後，馬志教練選出了六名隊員

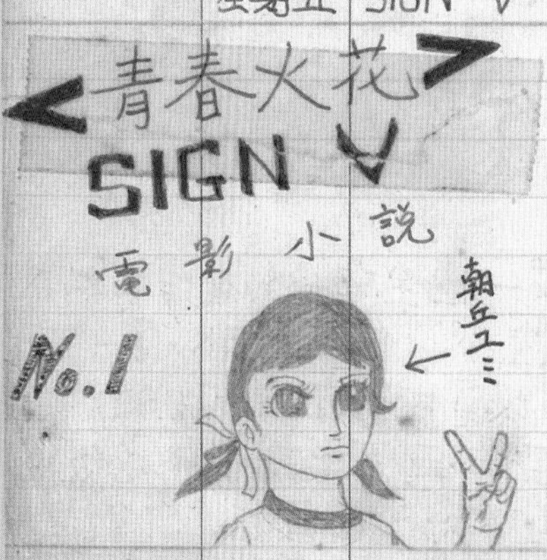

《青春火花》 將現身大銀幕

【校園裏外】

尋常的一天，上學，看電視。當時和眾多港人一樣，我也是日本劇集《青春火花》的捧場客，從《日記》之前的記錄看，我必然坐定定觀看，劇集播完後，它的另一股熱浪慢慢湧至。

【漫畫創作】

《MAT 萬能人》，如前述，是參考自《超人》角色「阿鄉」的故事，較坊間的電視片集走早了很多步。

這天的「雜記」擴大篇幅，與九格漫畫看齊，因為刊出了小說。《青春火花》原為漫畫，改編為電視劇後，再有電影版。該電視劇在港引發大回響，發行商乘勢引進電影版。影片要待這年底才公映，此前必然造勢，故有特刊，我這篇題目名為「《青春火花》電影小說」，應是摘錄自相關特刊。

當年香港市面的翻
版漫畫當然少不了
《青春火花》

| 1971 年 11 月 13 日 星期六 |

第八十九天 日記	13-11-71 星期六	（唐山大兄）	今天要返學，到了下午二時，芳姐和阿叔來了，我們一同去看「唐山大兄」是由李小龍主演的，十分好看，到了晚上，看電視。
每日例話	13-11-71 星期六	太空小英傑 ·Esper·	

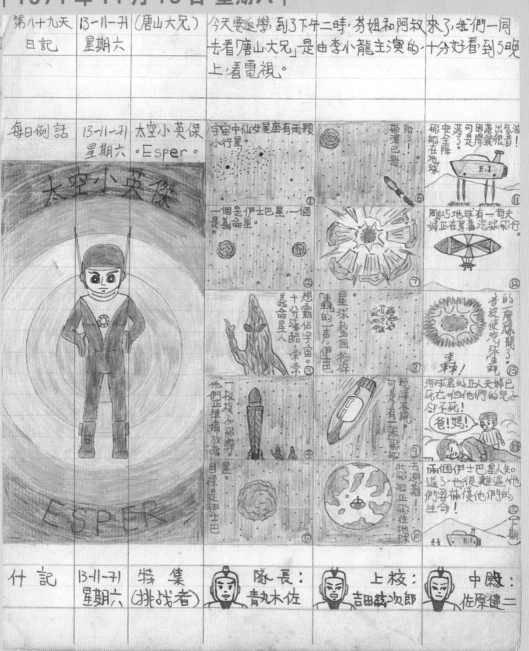

什記	13-11-71 星期六	特集 （挑战者）	隊長：青丸木佐	上校：吉田兹次郎	中尉：佐原健二

承接上一篇「第85天」，中間缺了幾天。

李小龍回港首作，
首次看李小龍

【校園裏外】

李小龍重返香港拍攝電影，第一作《唐山大兄》於這年 10 月 31 日在嘉禾院線公映。李小龍早年在港，以童星身份拍過多部粵語片，然後赴美升學，繼之參演當地電視片集《青蜂俠》闖出名堂。隨後以功夫影星身份回流香港，為自己，甚至華人影圈翻開了新篇章，惟英年早逝。

《唐》片由公映到大收旺場，連映 23 天，以近 320 萬票房刷新紀錄，相當哄動。影片來到大埔作二輪放映，我們連同芬姐、阿叔，即「弟弟」的父親，一同去觀看；看陣勢，也是萬眾期待似的。我記下「十分好看」，合情理，李氏矯捷的身手是可觀的，他之後的電影我都有看，卻非他的影迷。

【漫畫創作】

之前已預告電視台將播映日本片集《太空小英傑》，第一集的播出日期是 12 月 8 日。我實在期待，這天立刻繪畫出極具份量的漫畫，且多達 15 格，絕對大陣仗。

《唐山大兄》電影海報

90

| 第九十天
日記 | 20-11-71
星期六 | (學儲畜) | 今天不用上課,到了下午,冰心回家,我們一同儲錢,一直到年初一為止,我又知道我考試第三進一步。現在我們已儲了二元五角。我又做了二個砌圖遊戲,十分好玩,到了三時看「地球保衛戰」ULTRA Q 片集,今次是映「長尾鷄與礦地龍」十分好看,到了五時,看「五虎將秘密指令883」到了六時,看明珠台「彩色世界片集」很好看,阿叔又給了一些毛給我們,到了晚上,看明珠台的名片「三個鬼故事」十分恐佈。 |
| 每日例話 | 20-11-71
星期六 | 鐵甲人
No. 2
(前文在119頁) | |

儲蓄事難成
鬼片用心看

【校園裏外】

星期六不用上學，與妹妹一齊「學儲蓄」。在那個尚未去到經濟發達的年代，大家都珍惜分毫。説「學儲蓄」，印象中嘗試過多次，奈何無甚零錢可儲，自己的心頭愛又多，常常思量購物，儲不了多少又耗用了。

在父母勸勉下，用錢罌來儲蓄，不是豬仔錢罌，而是更樸素的瓦製圓形錢罌，上方有窄長的入錢口，有入無出，直至儲滿便打碎點算收穫。只是遠未儲滿，便要提款，從那窄長入口用盡辦法把儲款搖出來，頗費心力才取得，有時候心急，又或三番四次都取不到，只得犧牲打碎錢罌。當時已有不算少的二元五角儲款，且計劃儲到農曆年，這一回是有點雄心的。

阿叔，即「弟弟」的父親，給了我一些「毛」！源於他在船上工作，就是「行船」，周遊各地，搜集到孔雀羽毛，給我作特別手信。

英文科的莫老師在
我的紀念冊上留言

【課餘樂事】

當時只能接收 TVB 的兩個頻道，明珠台除了看《芝麻街》，還有其他，像這天晚上九時四十分收看了一齣恐怖片，我寫是「三個鬼故事」。查看當天報章，節目表如此介紹：「週末特選西片『兩個鬼故事』由雲信‧派拉斯主演」。雲信‧派拉斯（Vincent Price）向有「恐怖片之王」的稱號，這部 1963 年出品的影片原名 *Twice-Told Tale*，於 1964 年 6 月 26 日在香港首映，當時譯為《勾魂猛鬼》，電視台沒有用此譯名。此片確實由「三個鬼故事」組成，可見我看得很認真，沒有弄錯，評語「十分恐怖」大概也挺中肯。看看當年的公映廣告，不單止號稱「驚心動魄，膽小朋友不宜觀看」，再要加一列小字：「檢查處諭：本片不適宜兒童觀看」。六十年代中，這類「溫馨提示」還不算普遍。

【漫畫創作】

原定推出的「鐵甲人」第二篇失敗了。作為創作人，也是會貪新鮮的，想把新看到的、喜歡的內容快點繪畫出來。有時候變成為畫而畫，容易失卻興致，無法投入，圖像畫到變了形，無法繼續，只好放棄。

日本生產的《雷鳥》模型有數十種之多，我都一一買過。

| 1971 年 11 月 21 日 星期日 |

第九十一天 日記	2ㄠ-11-71 星期日	(鬼馬賊狗仔)	今天早上,不用上課,到十一時半,看「双星報喜」,明天看金都和路迪斯尼的「鬼馬賊狗仔」MY DOG THE THIEF。到了下午,溫習,看星球歷險記片集。到了晚上,看紅粉健兒片集。
每日例話	2-11-71 星期日	鉄甲人 No. 2 (前文在119頁)	

首波運動日劇熱潮

【課餘樂事】

《日記》除事後記錄，也有預告，這天公告明日將觀看電影《鬼馬賊狗公》（*My Dog, the Thief*, 1971），這片也是迪士尼出品，原為兩集的迷你劇，在美國境外多發行到戲院公映。

和路·迪士尼的電影《鬼馬賊狗公》，這一部片比較冷門。

1970年12月起開播的《青春火花》，到此已完結。該劇吸引觀眾追捧，回響熱烈，電視台怎會不乘勝追擊，於是推出於同年春季才在日本播出的新鮮劇集《紅粉健兒》（美しきチャレンジャー，1971），往後還有《綠水英雌》（金メダルへのターン！，1970-71）、《網球雙鳳》（コートにかける青春，1971）等片集，翻起早年的運動日劇小浪潮。

各劇的劇情框架相近，相互比較下，《紅粉健兒》明顯遜色，可觀度最弱。這亦涉及本地觀眾的投入程度，《青春火花》引發排球熱潮，排球絕非罕見運動，《綠水英雌》的游泳更為普及。無疑《網球雙鳳》的網球，當年屬較上層人士的活動，但普羅大眾也有玩羽毛球，驟看接近，不太陌生。《紅粉健兒》以保齡球為題，縱非遙不可及，但又絕不貼近大眾，那時香港沒幾個「碌 Ling」場，兼且要付入場費，又要借用球鞋等，實非一般人的日常娛樂玩意。

【漫畫創作】

繪畫鍾愛的電視片集《鐵甲人》，可惜沒有時間填色，就這樣停了下來。

妹冰心筆下的「13 奌」

| 1971 年 11 月 28 日 星期日 |

第九十二天 日記	28-11-71 星期日	(水中怪獸)	今天早上,看「双星報喜」十分好笑,到了下午,我到合記買了二盒模型,一共二元,一盒是「水中怪獸」是上鍊的,十分好玩,一架是「月球战鬥車」是弹弓的,也十分好玩。到了三時,到林一鳴家去玩,到了四時許回家。做功課。
每日例話	28-11-71 星期日	小黑 AND AND 小白 (前文在116頁)	

欠做功課，
夾計作弊

【校園裏外】

升上小六，為應付升中，功課始終多了，難免分薄
了寫《日記》的時間，這天更到林一鳴家一起溫習
功課，甚為少有。總括而言，學習不算壓力沉重，
自己亦非很着意，甚至沒有完成功課，照樣回校上
課，心口有個勇字。

有這麼一次，老師在課堂上解説作業的答案，全屬
選擇題，故着學生與鄰座同學交換來批改。我沒有

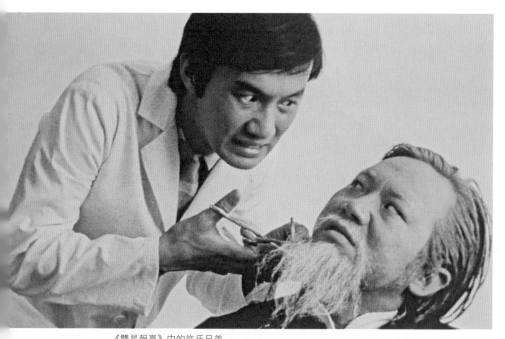

《雙星報喜》中的許氏兄弟

完成作業，喜見鄰座女同學也沒有，「剛剛遇着個啱啱」，我們「打龍通」作弊，互替對方把老師宣讀的「A、B、C、D或E」答案填入功課簿，並假裝批改。我向來成績優異，鄰座女同學可以輕鬆替我「創造」佳績。相反，她的成績位列中游，我須費煞思量為她「粉飾」造假。她也心虛，不斷提醒：「不要有太多題答對，否則惹人懷疑！」如此劣行僅一次起兩次止。

【課餘樂事】

當時大埔有數家發售玩具的店，當中兩間最具規模，這天我購買模型的「合記」是其一，另一家名為「河南」，兩家均是正式的玩具店，經營了數十年。河南雖屬樓梯舖，但貨品齊備。合記的貨品更為琳瑯滿目，不乏貴價貨，我缺「銀根」購入，也經常前往觀望，得個「恨」字，能力應付到的自然成囊中物，如怪獸、科幻劇集模型。

二興街，我常去的玩
「合記」和「河南」
此。

| 1971 年 12 月 6 日 星期一 |

第九十三天 日記	6-12-71 星期一	(新片集)	今天是香港節公眾假期,在家看電視,甚知道從明天起,逢星期二五時有一新片集,名叫「足球小將」,是日本的卡通片集,星期三五時日半,不是映「海底金剛」AGON,是映一套新片集,「太空小英傑,即伊士巴」ESPER,他是日本片,到了晚上,八時看「香港節花車大巡遊」十分好看。太空小英傑,巴在日記刊出。
每日例話	6-12-71 星期一	THUN電D鳥ERBIRD ⊕大圖解⊕	

香港節與七十年代的香港

【校園裏外】

香港節帶來了一天的假期。1971 年，香港節已是第二屆舉行，屬全港性的活動，其實為疏導民間怨氣，營造社會昇平的歡愉氛圍，藉以凝聚市民。繼 1969 及 1971 年舉行了兩屆，1973 年再辦第三屆，前後就這三屆。

香港節活動眾多，各區均安排地區節目，在市區舉行的大型花車巡遊最矚目，我的《日記》也寫下電視安排了特備節目。「香港記憶」網頁載 1971 年的巡遊照片，所配圖片說明：「大巡遊於 12 月 6 日舉行，為當年香港節壓軸節目。巡遊隊伍由界限街運動場開始，沿彌敦道前進，直到九龍公園海防道入口為止。巡遊隊伍中有花車巡行、步操、學生提燈遊行、樂隊演奏、舞龍、舞獅等。」

當年香港節的巡遊景象

1971 年，香港確實翻開了新一頁。新任總督麥理浩爵士於 11 月 19 日抵港上任，隨後民生、經濟等

香港電視

Television

第二一二期一九七一年十二月二日十二月八日

TV WEEK

香港節特輯

這一天出版的《香港電視》雜誌封面人物是黃淑儀

持續改善，同時，新事物陸續出現。《日記》談了很多看電視的樂趣，這個新興的電子媒體在七十年代迅速發展。電影亦然，前文談及的《雙星報喜》許氏兄弟，還有李小龍，都在七十年代為香港電影推陳出新。七十年代可說是香港當代發展的一個新里程。

【課餘樂事】

12 月初推出的新電視片集，除《太空小英傑》外，還有卡通片《足球小將》（赤き血のイレブン，1970-71），改編自梶原一騎的漫畫，並非後來的那一部。

【漫畫創作】

又一次把英國作品《雷鳥》的戰車繪畫，稱為「大圖解」，但畫了幾輛就停了。

《足球小將》動畫片集也是由漫畫改編的

| 1971 年 12 月 7 日 星期二 |

第九十四天 日　記	7-12-71 星期二	(足球小將)	今天要上課·放學後·和爸媽去買聖誕咭·買完了·做功課·又寫日記·到了五時半·歐美紅又來玩·看新片集「足球小將」·是說一個名叫「阿真」的人學打足球的故事的·很好看·看完了看粵語長片·是日本片「星球巨魔」·說有一個遊星王子對付一個銀星魔王的故事·到了晚上·看「佳偶天成」片集·

每日例話 星期二	7-12-71	·雷　鳥· THUNDERBIRD ① 七彩·IN COLOR	雷鳥 NO.1

國際救助隊 ☐☐☐☐☐☐☐☐☐

神秘島の挑战

雷　鳥

SPACE SCIENCE SERIES
INTERNATIONAL RESCUE ☐☐

THUNDERBIRD

サンダー

バード

No.1 神秘島の挑战

①	⑥	⑪
②	⑦	⑫
③	⑧ 未完	⑬
④	⑨	⑭
	⑤	⑩

卡通新作、
離奇舊片

【校園裏外】

放學後隨母親去買聖誕卡，主要郵寄給已移居英國
的叔伯兄弟。母親很認真的看待這件事，每一年都
及時送出心意，12月初便行動，不會拖到截郵限
期。我主要幫手寫信封的英文地址。郵寄聖誕卡是
在親人移民後才展開，我自己則不太在意，充其量
送幾個給同學。

【課餘樂事】

除了真人做的運動片集，卡通一樣有。昨天提到的
新卡通片集《足球小將》，今天在翡翠台首播，這
天報章刊出了介紹，指「片集描述足球教練訓練一
群頑劣學童成為一支足球勁旅的經過」，第一集主
題為「熱血男兒」，背景設定在為埼玉縣農村。這
卡通走寫實路線，圖像漂亮，水準不俗。

跟着看的電影，報章節目表的介紹是：「六時，粵
語長片《星球巨魔》由日本紅星主演」，日紅星演
粵語片？看來奇特，當年卻不時播出這類「語言」
與「原產地」相異的電影，多是殘破舊片。

五、六十年代，因片源不足等因素，片商引入亞洲地區的電影，配上粵語公映，吸引非西片觀眾，《星球巨魔》是一例。1960 年 10 月 19 日，該片在以中央為首的粵語片院線首映，乃東映公司於 1959 年出品的系列電影，原名《遊星王子》，若林榮二郎導演，梅宮辰夫、峰博子主演，廣告聲稱「太空飛船戰飛碟，打到宇宙變色」，強調老幼咸宜。尚有其他，譬如《隱形怪俠鬥七妖》（原名：忍術武者修行，1960，福田晴一導演），配上粵語後，1963 年在粵語片院線公映。

這些影片的拷貝頗混亂，不少缺片頭，無法了解製作背景資料。直至七十年代，仍有片商把東南亞地區的電影發行到正式戲院公映，像 1974 年公映、稱為「高棉電影」（即來自柬埔寨）的《蛇魔女》（*The Snake Girl*），氣氛相當恐怖駭人。

【漫畫創作】

繼續是《雷鳥》。一直想繪畫一些和《雷鳥》相關的圖文，這天已用心的繪出幾種別致的字款，甚至開始上色，也預備了十多格空間篇幅，顯然想做點甚麼的，可惜最後依然是懸空了。

英國木偶電視劇《雷鳥》

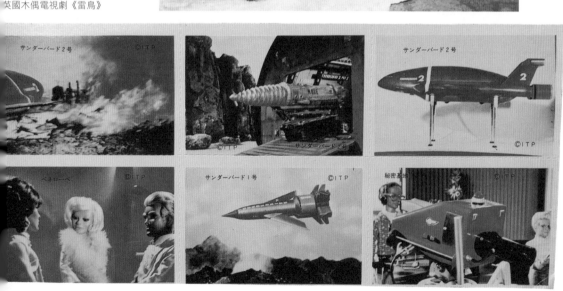

| 1971 年 12 月 8 日 星期三 |

第九十卷天日記	8-12-71 星期三	(太空小英傑)	今天要上學,放學後,林一鳴來我家玩,到了三時,爸爸回家,到了五時半看新片集「太空小英傑」ESPER,那是說宇宙中有伊斯巴星球爆炸,只有兩個星人不死,兩個是一男一女.他們降落地球時,都使地球一對夫婦遇難,他們便化身在夫婦身上,還把他們的兒子改名「斯·伊斯巴」更傳授超能力給他.故事由此開始.十分好看.其他可看每日例話.到晚上看声宝之夜等。
每日例話	8-12-71 星期三	貓眼 怪童 (前文在108頁)	老伯甚麽事? 又多隻貓眼怪! ⑱ ⑳

《太空小英傑》，期望換來失望

前文以期待的心情提早推介的《太空小英傑》，在今天首播，看罷的評語是「十分好看」。該作品的原漫畫早已推出，我亦讀過，相當喜歡，期待心情由此而來。挾期待心情，終能看到還是欣慰的，但說實話，片集的製作很一般，有點失望，加上黑白電視看不到原劇的色彩，再打了折扣。該劇由小型公司宣弘社製作，整體遜色。當年以圓谷製作的出品質素最佳，幕後班底人強馬壯，故事有意思，相對具深度。

其他公司的製作，即使是東映，也不理想，除了《鐵甲人》的製作尚可。

我一直珍藏的《太空小英傑》公仔，造型跟電視出現的角色十分相似。

科幻電視片集《太空小英傑》劇照，大家還記得「伊斯巴」嗎？

| 1971 年 12 月 9 日 星期四 |

第九十八天 日記	21-8-71 星期三	（太空密探） （做太空車）	今天要返學，下午五時半有新片集，太空密探，不甚好看。（前文是9月21日的）今天沒有甚麼事做，到了下午，李浩輝和何萬勝來我家，共設計了18款太空車，做了一架，到了五時看彗星女郎片集，今次是説小武小浩不愛惜玩具，於是高美組織玩具大軍來對付他們，又有坦克，又有兵，更有飛機，十分好看，到了晚上，看吉林双傑片集。（巫秀茗在12月14日便去英國了。）

經刪改的日數，隱約見似乎是「第 97 天」，但記下這天是「星期四」，相信是接前一天的，即是第 96 天。《日記》由這天開始起了變化，只有文字記錄，沒有漫畫或「雜記」。

又一位同學
移民英國

和同學交往，始終是學校生活的重要一環，尤其有共同興趣的。之前與我一起合作畫漫畫的何萬勝，這天我們又一同設計太空船，多達 18 款。既有聚首，也有分離，一位女同學將於月中移民英國，當時身邊的親人、同學不少都走這條移民路。

提及的《太空密探》（宇宙Ｇメン，1963），是另一部日本科幻劇集。當年我作為這方面的愛好者，竟也狠批為「不甚好看」，顯見「出了事」。該劇欠缺精彩的特技場面，也沒有怪獸角色，餘下的就是悶場連連。

當年本地製作量有限，晚間黃金時段也播映配音劇集，美劇《杏林雙傑》（Medical Center, 1969-76）乃當時的熱播劇之一，全劇共七季，合計 171 集。

原名《宇宙Ｇメン》的日本科幻電視片《太空密探》

| 1971 年 12 月 22 日 星期三 |

| 第九十八天 日記 | 22-R-71 星期三 | (到澳門去) | 今天早上五時半便起床了,到了六時半到嶺南飲茶,準備到北京去,因今天是聖誕假期的開始,我們乘七時十四分鐘的火車到羅湖去,經過一番手續之後,以為一定可以到北京了,怎知原來除非有旅行社擔保,要不是不準去的,廣洲也不準去,探親才可以,結果我們只有再乘十時零六分的火車回大埔,我們便不預北京去了,便準備到澳門去,但到了二時許,天色放晴,不下雨了,我們便趕九龍去,再乘船過海,趕了五時半搭了五時半的澳門船票,一直到了八時半才到澳門,見澳門十分美麗,便到「發門旅店」租了房間,又到「陸海通」酒家吃東西,因為今天是做冬,所以特別豐富,有貴妃雞,鮮蝦豆腐煲,住候牛腩煲和栽計內蛋等一夫,食了三十多元,吃完了便回旅店,洗澡後,才睡覺。 |

按《日記》所載,日數是「第 98 天」,跳了一天。

驚詫突上京，
無果轉赴澳

【課餘樂事】

乘此聖誕假期，父親有驚人之舉。整件事回想起來仍覺離奇，過後考究卻無果，總之超級精彩。

前一夜，父親告訴我們：「明天我們去北京！」當時對內地的情況了解不多，至於前往北京的路徑和路程需時，也沒有概念，故深感突然、莫名其妙的。這一天，我們清晨五時半起床，拿着少許行李，身穿適合香港氣候的冬衣，前往應該已進入寒冬的北京。時至今日，前往北京依然被視為相對長途的旅程，當天我們就這樣輕裝上路，朝首都去也。

乘火車到達羅湖，在邊境關口準備過關，旅客甚多，我和妹妹坐在一旁等候父母，只見他倆四處張

1971年的澳門，在大砲台可眺望葡京酒店。

羅，走來走去，向人詢問過境及北上事宜。得到的回覆是：必須由旅行社擔保，不能隨便成行，或者內地有對口的人或單位接待，又或有親屬，才可以過關北上。擾攘多時，確定前路不通。

回想，這個「去北京」的決定實在太兒戲！何況時維 1971 年，內地正值文革。此路不通，父親旋即再提議：「那就去澳門！」顯然容易得多，但仍需相當長的交通時間，尤其當年要乘坐大船，歷經三小時船程，至晚上八時半才抵達澳門。那時候，客輪的泊岸點是內港碼頭，相對於後來開闢的新口岸碼頭，內港一帶現被稱為舊區。當年，內港碼頭附近是澳門最繁盛的街區，像 1941 年落成、樓高 12 層的國際酒店，是當時最摩登的新建築。我們下榻於澳門旅店，小型旅館，但備有浴缸供浸浴，又到陸海通飯店吃飯，一餐冬至飯，格外豐富。這是特別的一天。

澳門大三巴前，母親、妹妹和我合照。

| 1971 年 12 月 23 日 星期四 |

| 第九十九天
日記 | 23-12-71
星期四 | (澳門遊記) | 今天早上,到酒樓飲茶後,便坐的士到周圍遊覽,第一處是到白鴿巢花園去,那裏風景很幽美,跟着又到大三巴,炮台山,天文台,山丁頂公園,天后廟,觀音廟等。新花園等,遊完了,爸爸和媽媽到南京大酒店的賭塲去玩老虎机,輸了20元,因小童是不準進去的,只有在門口等,到了四時,媽媽說回去了,我們便乘四時半的船回香港,一直到七時半,船到香港了,我們又拍了一些聖誕的燈飾,乘八時的火車回家,回家才吃飯,吃了很多東西,便睡覺。 |

賞中環聖誕燈飾，
七一年版

【課餘樂事】

昨夜抵埗，《日記》記下「澳門很美麗」，這是我第一次到澳門，始終有新鮮感。第二天起來，一家人才正式遊澳門。召來的士載我們遊走，頗為奢侈呢！看記錄，僅半天，重要的景點都走過。算一算，我們四人，安坐汽車連續走了多個點，應屬於包車遊覽，折算起來，「除笨有精」，應更划算。

去澳門，總要進葡京賭場見識。我和妹妹未成年，不能內進，只有父母進去開眼界，搖過「老虎機」。記得我和妹妹僅等了片刻，短短時間他們卻已輸掉 20 元，運氣差了點。首度澳門之旅，印象中是開心的。

從澳門返港正值聖誕節，看見很多悅目的火樹銀花，這些都是父親拍下的，黑白照片別具特色。

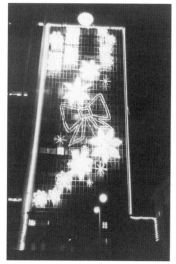

乘黃昏船回港，天色已入黑。既然在中環，我們順道欣賞聖誕燈飾。
維港兩岸綴以輝煌的聖誕燈飾，大概是近 40 年的事，但早於六十年代
中，中區已開始出現聖誕燈飾。這年是 1971 年，如上文指出，當時
舉辦了第二屆香港節，乘這活動，政府推動在中區粉飾市容，懸起聖
誕燈飾、節日佈置。論燈飾的花款、燈光的亮度，或無法與今天相比，
但想想，當年的市民看到這城市逐步邁向現代化，越見多姿采，快樂、
豐足感大概比今人還要強。

親當年拍攝的
環聖誕節燈飾

第一百天日記	27-12-71(萬花筒)星期一	今天早上十時許,弟弟回來了,到了出九龍去,因今天是聖誕節的街上仍然充滿聖誕的氣氛,	12時,我們便第三天,所以(24日那天我
		和爸爸媽媽一同到香港的看立体電影"驚天動地",是說關於火山爆發的,十分緊張刺激,不過這本套片不算很立體,只是有一點深度吧了。)我們一同到又一村公園去拍照,拍完了便到大元公司去,看東西,我買了一個萬花筒,裏面的圖案十分美麗。到了六時,便坐車回家,到了晚上,看王o之家(第片集)。	明珠港戲院去

日常「新活」：新型戲院、親民百貨

【課餘樂事】

假期的消閒活動，不離逛街看電影。補記了 24 日到銅鑼灣明珠戲院看《驚天動地》（*Krakatoa, East of Java*, 1968）。記下評語：「不算很立體，只是有一點深度罷了！」基本上我看到了它的特點。

明珠在這年 12 月 15 日開幕，當時以「立體戲院」作招徠，實非放映立體電影，觀眾毋須戴上「兩色眼鏡」觀看，而是放映「新藝拉瑪」（cinerama）制式電影。該制式影片最初以三機拍攝，並在戲院通過三機投映，把三組影像投向特闊特深的弧形銀幕，讓觀眾有被影像包圍的震撼感。後來改為 70 毫米單菲林底片，毋須再三機投映，這部《驚天動地》就是這制式。「立體戲院」經過年許，便轉回放映一般西片。

另外，到大元百貨公司買了萬花筒。「大」字派百貨店，由大人、大元到大大，見證香港的一頁民生史。過去，香港的百貨公司集中在港島區，如華資的永安、先施，即使後來出現的零星日資百貨，都在港島，以中上階層顧客為對象，銷售的產品偏向高價，普羅大眾一般光顧國貨公司。

大大百貨由楊撫生經營，他早年在上海創辦鶴鳴鞋帽店，後遷到香港，並發展百貨業，創辦其「大」字派百貨店。九龍區人口眾多，但即使在 1971 年，仍沒有大型百貨公司。大大等店選在旺角設店，貨場面積大，貨品多，吸引到大量顧客。對草根市民，閒來走走百貨公司，看看新事物，是很新鮮的體驗。該公司的折扣優惠日等推廣手法，頗見成效，每逢假日店內人山人海。

當年明珠戲院的戲票

立體電影《驚天動地》報紙廣

| 1971 年 12 月 29 日 星期三 |

第一〇一天 日記	29-12-71 星期三	(做怪獸)	今天我拿了一些拼東西的砌了一隻怪獸,是恐龍,又砌了一個東京鐵塔,到了五時半,看太空小英傑,今次是說一隻拳頭怪物的,十分厲害,後來給推伊斯巴用死光鏡打死了,到了六時,看芝麻街,到了晚上,看帝王之後。

轉廢才能
再創造

【課餘樂事】

喜歡做手作，假期不忘發揮，拿了一點物料，轉化成作品，有怪獸，
更有東京鐵塔。二者皆和日本有關，亦不脱科幻題材，完全個人愛好，
自家風格。

東京鐵塔的模型
當年夢寐以求

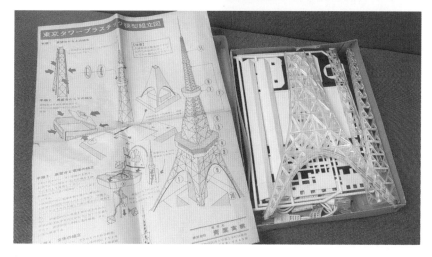

| 1971 年 12 月 31 日 星期五 |

第一〇二天 日記	31-12-71 星期五	(小貓咪)	今天下午、十二時許、我和爸爸媽媽一同到蘇先生處玩、十分好玩、我又帶了一隻小貓咪回來、是金黃色的、十分有趣、他出生還不到一個月、我把他起名叫「黃毛仔」、因他是雄的、到了晚上和爸媽一同看、合家歡等節目。

第一次飼養貓咪

【課餘樂事】

距離上一回探訪居於粉嶺的蘇老師，又過了幾個月。她那所平房，外有大花園，這次見她養了幾隻小貓，我和妹妹都愛貓，獲蘇老師答允，讓我們帶了一隻公貓回家飼養，取名「黃毛仔」。

家中以往也養過貓咪，主要是母親照料，到市場買「貓魚」煎香給牠吃，又找來木糠作材料給牠做「貓盆」。今次這一隻是我親手捧回家的，感覺比以往的貓咪更親近，感情濃一點。

神召會幼稚園的蘇老師（右）結婚時，我也參加了她的婚宴。

| 1972 年 1 月 17 日 星期三 |

第一〇三天	17-1-72 (雷鳥二号)	今天要上學,到了下午,媽媽要出九龍喝酒,到
日記	星期三	了五時半,看大宰小英傑片集,很好看,到了
		晚上,我在今記買了一架雷鳥二号,是模型
		三元一架,上鍊的,很好玩。

踏入 1972 年，
嗜好繼續

【校園裏外】

已進入 1972 年了，今年秋便要升中，將踏進新階段。話雖如此，生活中的嗜好、興趣依舊：看電視、購物、發掘心頭愛……

《雷鳥》系列中的綠色
2 號機最受大眾歡迎，
我曾玩過不少，大大小
小達數十架之多。

我到現在還保留着不少
當年砌好的模型，不捨
得棄掉。

回到 1971：香港小學生日記

第一O四天 日記	5-2-七二 星期六	(考第二)	今天要上學，死先道是考第二，媽給了我五元，我買了一隻小象，二元一隻，推的，到了六時芳姐姐來了，她接阿弟返外家，到晚上很早睡覺。二月八日是我的生辰，冰心送了二架模型給我，一架是雷鳥三号，一架是一隻超音波怪獸上鏈的，一架一元，一架二元。		

成績持續進步

【校園裏外】

開始寫這冊《日記》以來，經歷了三次考試，之前偶然「失手」只考到第四，隨後一回得第三，這一次考獲第二，一直進步呢！

過兩天是我的生日，妹妹送我禮物：雷鳥模型、上鏈怪獸。兄妹同心，她完全了解我的喜好，從小到大，我倆的兄妹情未減退。

我和妹妹合照

| 第一〇五天 日記 | 7-2-72. 星期一 | (雷鳥車仔) | 今天要上學，放學後，我買了很多吹波糖，又和呂天倫到盧紹元處，做好功課後，我用一元二角和盧紹元一起買了一技火箭和大笨雷鳥車仔，到晚上，看電視。 |

一物多玩：
撞手神抽玩具

【課餘樂事】

和之前無二，買零食往往非為食物，而是贈品。這
次的吹波糖，裏着糖的包裝紙有遊戲可以玩，譬如
連線玩意、圖畫填色或贈印水紙等。每款糖的糖紙
禮物不同，隨機抽選看看碰到哪一款。如此包裝零
食，吸引顧客多買碰運氣。付一次錢，有得吃又有
得玩，即使隨機抽選，猜猜會遇上哪款禮物，也是
樂趣，一物多玩，難怪那麼受孩子歡迎。

這些小型模型當年售五角至一元

回到 1971 ：香港小學生日記

小型《雷鳥》模型，一個
角色連同一架小飛船，因
為價錢平，我買過很多。

第一〇六天 日記	11-2-72 星期五	（獎品）	今天是六年級上學期散學禮，我領了三份獎品，一份是圖畫比賽第一名，獎一個筆袋，一份是中詩朗誦比賽第一名，獎一個筆袋，一份是期考第一名，也獎一本字典。兒晚上，看電視。

獲三獎，
得兩筆袋及一字典

【校園裏外】

經過了六年級第一個學期，散學禮上，自己在三個
項目奪獎或取得佳績，包括繪畫、朗誦及期考得第
二，分別獲得兩個筆袋及一本字典嘉許，竟然連獲
兩個筆袋。看這組獎品，相當平實，遙想起當年生
活的樸實無華。繪畫比賽摘冠的畫作，是一尾全身
長滿眼睛的魚兒。

盧紹元同學在我的紀念
冊上留言

第一〇七天 日記	15-2-72 (過新年) 星期二	今天是年初一，我們一早便起床，爸媽給我們每人兩封利是，便乘九龍群車去，先到揚伯伯屋，又到舅父屋，到大時才回家。晚上看佳偶天成。

大年初一
過海逗利市

【課餘樂事】

農曆年初一，通常這天我們都會去拜年，主要是探訪市區的親友。行程是先到九龍，拜會楊伯伯，他是父親的同學。然後過海到港島，探訪舅公。舅公居於樓梯街，經營水果批發。

隨大人前往拜年，實非有趣的活動，所以不太喜歡。當然，勝在有利市可收，尤其是舅公的一封，金額起碼五元。當年這已是「一筆錢」。那時絕對是「硬嘢」年代，多數人封錢幣，封紙幣的少之又少，而那時五元就是紙幣。

《佳偶天成》片集中的金童玉女——
竹脇無我和栗原小卷。

第一〇八天 日記	21-2-72 星期一	(會鳥玉号)	今天阿弟才回家，我和唐仔們到合記處買了二金會鳥，一元一盒，一盒是玉号，一盒是四号，二盒都是有一個人的，十分有趣，我又知道由二月廿七日開始，逢星期日上午十時半重播青春火花（サインはV）片集，我又買了一盒打足球玩具，十五元五角一盒，十分好玩。

儲蓄增加，
鼓動消費

【課餘樂事】

之前寫「學儲蓄」，計劃儲至農曆新年。農曆年有利市收入，足以令儲錢金額大躍進。當然，進得來，用得去，有了餘錢，便想買東西。於是與年紀相若、挺合得來的堂侄，即我堂兄的兒子，同往合記購物，甚至買下價值十五元五角的踢足球玩具，相當昂貴。不過，那是桌上足球玩具的迷你版，可以把足球推送，十分好玩。

《青春火花》電影版於 1971 年 12 月 10 日在香港公映，電影挾電視熱潮而來，翻起新一波話題，電視台又乘此勢，於月底重播片集，我在此雀躍公告，可見何等喜愛！

| 1972 年 2 月 25 日 星期五 |

第一〇九天 25-2-72（王秀芳來信）	今天放學回家，見有信來，原來是巫秀芳由英倫
日記	星期五	寄給我的，我十分高興，其後和爸媽一同
		到宅華去看東寶公司出品的日片，青春火花
		(V is our sign) 十分好看。

看《青春火花》
電影版

【校園裏外】

和移民外國的同學，總會維持一陣子的書信來往。之前提到女同學於12月中移民英國，這天收到她的來信，很開心。在透過手寫信件互通消息的年代，收到好友的信件，是很開心的事。

【課餘樂事】

《青春火花》電影版由 1971 年 12 月 10 日映到 31 日，映期達 22 日，票房收入近 66 萬元，相當理想。差不多過了兩個月才來到大埔放映，自然不能錯過。相比看黑白電視，大銀幕的全彩色電影版，悅目度、刺激度都勝一籌。該片是原裝日語，並非配音，要看片上中文字幕，但沒要緊，更覺原汁原味。

《青春火花》電影版的 DVD

《青春火花》的電影版當年大熱，這是戲院特別印製的介紹特刊。

| 1972 年 2 月 29 日 星期二 |

第一一〇天 日記	29-2-72 星期二	(怪獸)	今天我買了二盒模，一是怪獸，是MAT超人的，一元一盒。一隻是「加王暴怪獸」アースト ロン，另一隻則是「地底怪獸」グドン，都是推的。我又回信給王春芳。

珍惜友誼，
給同學回信

【校園裏外】

開心收到同學由英國的來信，這天回信，也是快樂事。空郵郵資較平
郵貴，今昔無異。但對當年的少年人，經濟條件沒現在好，費用差距
尤覺明顯，很多時會選用郵政局印製的「郵柬」，郵資相對少。「郵
柬」是一張大幅輕身信箋，在底面分別寫信件內容及地址，郵資已定，
不能加紙。「郵柬」摺起來如同一封航空信大小，都是當年情。

【課餘樂事】

繼續我的愛好：購買《超人》怪獸公仔。

| 1972 年 3 月 2 日 星期四 |

第一一一天	2-3-孔	(給秋明)	今天回到學校,盧志強給了李秋明的地址,我
日記	星期四	的信	我十分高興,我便立即寄信,放學回家,做
			功課。下午五時又要回學校練習,因詩詞朗
			誦比賽,在三月十五日便舉行了。

詩詞朗誦比賽

【校園裏外】

如前述，移居英國的同學不少，部份未取得聯絡地址，失卻聯繫。這天通過同學取得一位學友的地址，於是寫信給對方。即使是小學生，也重視維繫友誼。

雖是準備升中的級別，但課外活動仍然重要，是少年人成長的重要一環，像這天為朗誦比賽練習。

1965 年幼稚園畢業照

第一一二天	4-3孔	（大巨獸）	今天不用上學，我到河南買了一隻怪獸，一元一
日記	星期六		金，也是推的，是一隻「大巨獸」ガツバ，十
			分好玩。今晚希到外家，晚上看「劍王之王
			。

怪獸與我

【課餘樂事】

購買怪獸模型，生活中不能或缺的事，那陣子出品了很多這方面的玩具。

晚上看電視台播映的台灣刀劍武打片《劍王之王》（1969），該片於1969年底在本地戲院公映，楊群主演，郭南宏執導。這類型影片是七十年代的主流，該兩位台前幕後影人，也是香港影圈的一份子，那時候港台兩地影圈的往還相當緊密。

原名《大巨獸 Gappa》的一部日本怪獸片，港譯《獸王尋子記》。

| 1972 年 3 月 5 日 星期日 |

| 第一一三天 | 5-3-72 (六隻怪獸) 星期日 | 今天不用上學，上午十時半看「青春火花」，到十二時，我又買多三隻怪獸，一共三元，也是搖的。一隻是「火焰怪獸」ガメラ，一隻是「超音波怪獸」ギャオス，另一隻則是MAT超人的「岩石怪獸」サドラー。我現在一共有六隻怪獸了。到了晚上八時，看「紅粉健兒」，八時半看「時來運到」，十分好看。 |

仍是怪獸與我

【課餘樂事】

買了三隻怪獸，連同之前買的，已有六隻，悉心挑選購買，為集齊一套。

這些日本怪獸模型，都是來自當年流行的怪獸電影或者《超人》電視片集系列，價錢不貴，造型精美，我當時也買了很多款。

| 1972 年 3 月 7 日 星期二 |

第一一四天	7-3-孔	(玩貓仔)	今天我又買多四隻怪獸,一隻是冷凍怪獸
日記	星期二		,一隻是「爆炸彈怪獸」另外兩隻都是
			太空怪獸,我又在家玩貓,用燈膽光
			來引他。

玩物養志：
怪獸與貓

【課餘樂事】

繼續湊合一整套怪獸公仔，又買了四隻。然後用怪
獸和貓咪黃毛仔嬉戲。

一款當年十分希望擁有的昂貴
模型——MM 三太小型飛機。

第一一五天 10-3-72 (超人玩具)
日記 星期五

今天我買了二盒模型,一元一盒,是超人
一個是飛的,一個是站着的。很好玩,我
又買了一些怪獸,一些是音波怪獸,一
元一盒,一隻是中型的「冷凍怪獸」,上
鍊的,二元一盒,另一隻則是大型的「超
音波怪獸」四元一盒,是會走路的。

繼續怪獸與我

【課餘樂事】

為自己的嗜好費心神。能夠買到超人「阿鄉」的模型，很開心。之前一直久候這款模式，但一推出，即被人購去，可見有其他愛好者同樣關注，而我卻總被人捷足先登，彷彿永遠無法買到手，現在終於得到了。至於同系列的怪獸反而較易買得到，因為推出數量較多。

另一款會行會走的怪獸「加美拉」模型

這種蒐集的熱情，圈外人未必理解，愛好者才領會過程中的樂趣，得到手的歡樂。說「兒戲」也不盡然，歷經時間，灌注當事人的用心維護。到一個地步，玩兒變成別具意義的藏品，見證文化歷程，物品在收藏市場上的售價，正反映其價值。上述那些「超人」模型，當年是一、兩元一盒，若完好未開封保留至今，一盒動輒索價七、八千元。幾十年後仍能力保不失，實非易事。

| 高一天
日記 | 15-3-72.
星期三 | (朗誦比賽) | 今天回到學校,到八時許,練習一番。和下午班
兩位女同學,由楊老師帶隊,到元朗去參加
音樂節詩詞朗誦比賽。乘了大約四十五分鐘
巴士,便到了元朗。我在上午朗了一首由徐志摩
作的詩「誰忘道」得到冠軍,80分,有錦旗一
面,到了12時許,休息,便和楊老師們到一
間冰室去吃東西,每人吃了一個快餐,很好
吃。到了下午四時許才回家。 |

全港校際比賽
朗誦詩奪冠

當年報章曾報道校際音樂節中的小插曲

【校園裏外】

之前為朗誦比賽練習，今天早上作最後的排練。

我參與的這個活動，原為校際音樂節，內包含朗誦比賽項目，及至 1970 年易名「香港校際音樂及朗誦節」，1972 年已是第 24 屆。活動規模龐大，廣及全港中小學，包括演唱、演奏、朗誦詩詞、演說故事等，分別在各區舉行。3 月初已展開比賽，乃城中盛事，《華僑日報》每天都撥出篇幅刊載活動特刊，介紹比賽過程及獲獎者，電台亦選播優勝者的表演。

我在大埔讀書，屬於元朗區。據當時報章報道，這一區的參賽熱烈程度較其他區遜色。這天我和下午班的參賽學生，在楊老師帶領下前赴元朗，比賽在一所學校的禮堂舉行，相當擁擠，自己朗誦了徐志摩的詩〈誰知道〉。查看翌日（3 月 16 日）《華僑日報》載《特刊》的報道：「粵語詩詞獨誦男組：小學六年級冠軍盧子英，八十分，大埔公校。」當時獲得錦旗作為鼓勵。

比賽期間老師帶我們去進餐，在冰室吃了「快餐」，就是必備橙色醬汁碟頭飯那種，我寫「很好吃」，也是真話，因為平日很少機會吃到這種味道。

918. 男子——小學六年級組

法行通訊——離愁別夢　　　　　傅雷

　　我更迴溯我渺小而短促的二十年生命中, 除了前二年, 被父親母親共同的撫育教養之外, 其餘的十八年, 卻是母親啊, 你一手造成的! 你為了我的倔強, 你為了我的使氣, 你為了我的無賴, 你為了我的嬉遊, 這十六年中不知流過了幾千萬斛的眼淚! 尤其是最近幾年, 更常常為了一些小事和你爭鬧, 竟鬧得天翻地覆不得開交。所謂大逆不道的事, 我都鬧過了。我只為你愛我而束縛我而反抗, 而怒號, 而咆哮。我幾次演成家庭的悲劇! 你都會極忍辱的隱忍了, 容納了。你還是一心一意把你的每滴血都滴到我的血裏, 你還是一心一意把你所有的精液灌到我每個纖維裏! 母親啊, 你之與我, 只有寬恕! 只有原宥! 只有永存的愛撫! 你一切的抑鬱的嗚咽, 只有在夜靜更澄的時候, 獨自聽得的!……

我在校際音樂節中朗誦了兩首詩, 其中憑徐志摩〈誰知道〉得到朗誦冠軍。

誰知道　　　　　　徐志摩

我在深夜裏坐著車回家——
一個襤褸的老頭他使著勁兒拉;
天上不見一顆星,
街上沒有一隻燈
那車燈的小火
衝著街心裏的土——
左一個顛播,右一個顛播,
拉車的走著他的踉蹌步。

- - - - - - - - - - - - - - - - - - - -

「我說拉車的,怎麼兒道上一個人也都不見?」
「倒是有,先生,就是您不大瞧得見!」
　　　我骨髓裏一陣子的冷——
　　　那邊青潦潦的是鬼還是人?
　　　彷彿聽見嗚咽與笑聲——
啊!原來這遍地都是墳!
天上不亮一顆星,
道上沒有一隻燈,
那車燈的小火,
繚著道兒上的土——
左一個顛播,右一個顛播,
拉車的跨著他的踉蹌步。

…！貓咪)因為我們快要搬到葵涌去住，所以只有送貓咪回家了。今天十一時，媽媽便和我和冰心一同去蘇先生處，坐巴士的時間，小貓因未坐過車，所以十分害怕，很快便到了小貓的媽認得宅，蘇先生的囝女很喜歡宅，便把小貓帶到他住的地方去，蘇先生給了很多郵票我，我又和冰心到聯和墟去，見到一間商店裏有很多玩具，尤其是怪獸，可是很貴，最貴的要十六元，到六時回家，我買了一盒可以砌很多東西的玩具，四元一盒。到晚上，看寶鳳和鳴和柔道龍虎榜。今天是母親節。

來到《日記》最後一頁記錄。雖然紙頁破損不全，但末尾寫下「今天是母親節」，翻查一下，就是 1972 年 5 月 14 日星期日。

告別：大埔老家、小學歲月、我這日記

【校園裏外】

告別篇，有很多「告別」事件。首先，小學六年級已近尾聲，快要畢業。告別小六，升上中一，絕對是人生新階段，加上身處環境的大轉變，預期將要面對很多變化、新事物。

環境大轉變，因為我們一家將搬遷到相對靠近市區的葵涌。在大埔生活，由舊墟到新墟，前後十年，對地區早已熟習，必然捨不得。習慣了生活環境，便沒有適應問題，回想起來有點不可思議。搬遷前居住的舊樓，只有「旱廁」洗手間，每早要經人手收集髒物，衛生情況不理想。但在樸實的年代，感覺雖差，卻只好接受。當我們首次到葵涌邨新居視察，欣喜發現洗手間置抽水馬桶，與舊居環境一比，截然兩回事，真箇由鄉郊躍進城市。

【課餘樂事】

遷到新居，不便飼養小動物，沒法子之下要把黃毛仔送回給蘇老師，於是去了一趟粉嶺。我寫貓咪在車程上很驚慌，到達時母貓認出牠，並得到蘇老師的舅父接手飼養。心情是依依不捨的，雖然相處的時間不算很長，慶幸繼續有人照顧牠。後來在聯和墟一家大型玩具店，見到售價高達十六元的大型玩具，很喜歡，那一幕印象深刻；同夜，繼續欣賞了兩部日劇。可見，沒有告別的，就是自己對動漫的愛好，還有欣賞影視作品的興趣。

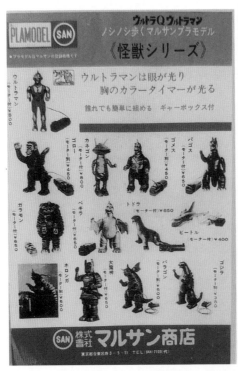

這些日本出品的怪獸模型，在香港很少見，我在粉嶺聯和墟的玩具店有緣見過一次，印象難忘。

《柔道龍虎榜》片集是
七十年代極受歡迎的日
本電視劇,主角姿三四
郎由竹脇無我飾演,女
主角則是新藤惠美。

新藤惠美主演的電視片
集《紅粉健兒》,在香
港也掀起了一個小小的
保齡球熱潮。

附錄

小學日記之後的中學日記

我的小學繪圖日記雖然只是寫了百多天,不長也不短,但無論於製作時所投放的精力,以至到同學讀者的反應,這種種的經驗,對於我整個創作生涯絕對是重要的第一步。

當完成了小學階段,進入聖公會林護紀念中學,全家又從大埔搬到完全陌生的葵涌,這些改變啟發了我更多創作靈感,當一切稍作安頓,我的創作慾又再浮現,自然先由我最熟悉的繪圖日記着手。

保持小學日記的基本格式,我的第一篇中學生日記寫於 1972 年 10 月 26 日,那時是中一學生,才開學個多月,功課一點不忙。這一天日記內容除了生活記錄,還有三個專欄,包括我原創的《挑戰者》,漫畫部份則是重繪我最喜愛的科幻機械人作品《地球先鋒號》,另外再加一小段仿傚華納卡通的達菲鴨(Daffy Duck),全部都是「彩色製作」。這個嘗試自己十分滿意,可惜製作所花時間太長,寫了一天便停了下來,再構思更可行的方向。

一年之後的 1973 年,我再次開始寫日記,由 10 月 2 日至 7 日共寫了五天,但未有其他內容,然後直到該年 12 月底,由 29 至 31 日一連三天終於敲定了新版的日記表達方式,最大改變是每天佔兩版篇幅,除了日記,當然以漫畫為主,而且有大量我

26-10-72. Daily Diary 日記
Thu. ☼ （打排球）
No. 1

今天八時半上課，下午不回家吃飯，吃湯糊，到盧炳根家去打乒乓球，放學後留在校打排球，家看「彗星女郎」片集，今次是說做昆蟲標本的。晚上八時是「電視劇場」「夢影」的第二集。

26-10-72. ·說小小·
第一回 ·挑战者……

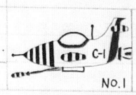

NO.1

NO.2

NO.3

6-10-72. ·每日談·
地球先鋒號—第一集

地球先鋒号

NO.1
大战
百目鐵人

① 功了……製造成一條人仔快

② 大華你過來！

③

④ 麽名字呢！我給他一個甚器我給你保你喜這錶甲人的控制

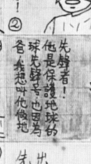

先鋒者！他是保護地球的球先鋒号也因為各我想叫他做地

⑤

⑥ 呀！真的！

⑦

出動！先鋒号立即

⑧

5-10-72. 〔凍拉西扯集〕
体故事之 "杜菲鴨"
EW-MASTER NO.A8

DAFFY
DUCK

DAFFY DUCK I
IN
"THE MOON MAN"

II

29-12-73. SAT.

日記
「不美味的湯糰」

很遲起床，還是假期，吃腸粉作早餐，打掃收拾至十二時，冰心補習回來，吃公仔麵和看電視，直至二時，做工作，二時許爸爸回來，返六時半，因爸爸明晚放遲一小時，我把牀下底的模型拿出，賣了一架ASTROBOAT給阿弟，至六時，我開了一個檔口，賣了一些東西給冰心，送給阿弟作聖誕禮物，共二元二角。早上我買報紙的時候想和那隻貓玩，怎知被它抓了一下，我的手流血了。八時送阿弟回葵芳，未去之前我寫了一張明信片「買吉他模型送的」給盧紹元，告訴他我新年才回大埔。我和冰心在郵政局買了一元郵票，又到書局去，看到有幾個面具，包括：超人、超人七号、鏡化超人，麻麻地漂亮，不及我在「偕而特」買的那個超人丁面具，當然，價錢差很遠，這裏的賣二元六角，「偕而特」賣七元呢！然後上阿弟處，我打電話給林一鳴，他說他看不明我借給他的「人造人間キカイダー」，我便解給他聽，又打給林自芳，沒有甚麽，最後打給王月琴，也沒有甚麽。契娘做了一些鹹湯糰，她卻又包糖，結果糖溶在湯裏，變得不鹹不甜的，十分難吃。看了一半「週末首映」才睡覺。

30-12-73. SUN.

日記
「逛街」

媽媽上新區買餸回來，才叫我和冰心起床，吃牛肉飽和鍋貼作早餐。媽媽到出面和黄太聊天，我和冰心在家沒事做，我便想起寫日記。到了中午，媽給了十元我和冰心，我們便到樓下買東西吃，買了每人一支甜筒。冰心想出九龍，回家準備好了，怎知媽說想出九龍看熱水器，要冰心陪她，後來至三時許，爸回來，我決定和媽一同去，乘三十號巴士，到了九龍，經過皇上皇，媽買了二隻雞肶給我們，一元五角一隻，再到大元的小食部，我和冰心一人吃了一個漢堡飽，一元二角一個。再逛大元去，媽去看熱水器，我們到玩具部和文具部去，我買了一疊信封，共有十個，不用膠封口，有一紙條，撕去它便有膠了，賣八角，有一套信封、信紙，內有信封六個，大信紙十四張，十分美丽，我以一元二角買了它，我又買了一本「動物故事」小画部，六角，另外我買了一本「ROAD RUNNER」信紙册和一個「SPEEDY GONALES」快路，各售一元。媽買了二盒「熊貓子」，每盒有五隻，日本售¥500，這裏只售一元五角，其中一盒是送給珍女的，媽自己又買了一個小銀包，九元九角，是黄色的，十分美丽。又到大人去，媽買了一套杯碟，全套六份，共四十八元，是銀邊的，十分高貴。然後乘十四座回家，回家便吃番加飯，看了一會電視，弟回家，帶了一隻小熊給冰心。晚上寫日記至十二時睡覺。

31-12-73. MON.

日記
「無題」

今天媽一早便去電髮，我和冰心在家寫日記，做工作等，媽一時許才回來，一會便和陳先生們去荃灣看熱水器，二時半爸回來，直至四時半，我看丽的的「無敵金剛009」，是卡通。媽六時才回來，六時許，芳姐和她一個工友到來，我和冰心到樓下放我的「V3」小飛机，又玩滑梯和搖板。晚上看「歡樂今宵在澳門」，澤曼文八時許來，沒有甚麽事。我曾打電話智源，我訂的月刊只有「冒險王」，其他的沒有。

日　期	日　記	每日例話	什　記
2-10-73.	超人歷險記	新・Q太郎 ①	
3-10-73.	電視又壞了	超　超人	
4-10-73.	天氣炎熱	超　人	
5-10-73.	爸爸休息、		
6-10-73.	銀色球拍		
7-10-73.	放映机		

的原創，所有圖文都以鉛筆繪製，方便修改。不過，這個版本也只是一個測試。

其時我已經是中二學生，有一班志同道合的同學，課外活動頗多，但最着迷的仍然是日本漫畫和動畫。到了 1974 年的 7 月，我又再次開展日記計劃，這一次有三天日記內容，但漫畫只是畫了版頭，內容正是參照我當時瘋狂喜愛的石森章太郎作品《電腦奇俠》，那時仍未有中譯，我姑且以原名 Kikaida 的發音譯作《基格達》。

那之後又如何？我其實一直有寫日記，斷斷續續的直至近十年因為有Facebook，就由這社交媒體取代了日記，當然日記的內容也因應我的成長而作出了改變。

至於打從小學生日記中出現的漫畫、小說、記事以至模型製作等等不同的專欄，這幾十年間，早已經與我的生活連結，成為了我真正創作生涯的重要部份了，而且也頗有成績呢！

日記
「不美味的湯糰」

　　　　很遲起床·還是假期·吃腸粉作早餐·打掃收拾至十二時·冰心補習回來·吃公仔麵和看電視·直至二時·做工作·二時許爸爸回來·返六時半·因爸爸明晚放遲一小時·我把牀下底的模型拿出·賣了一隻ASTROBOAT給阿弟·至六時·我開了一個檔口·賣了一些東西給冰心·送給阿弟作聖誕禮物·共二元二角·早上我買報紙的時候想和那隻貓玩·怎知被它抓了一下·我的手流血了·八時送阿弟回葵芳·未去之前·我寫了一張明信片「買吉他模型送的」·給盧紹元·告訴他我新年才回大埔·我和冰心在郵政局買了一元郵票·又到書局去·看到有幾個面具·包括：超人·超人七號·鏡化超人·麻麻地漂亮·不及我在俏面特買的那個超人丁面具·當然·價錢差很遠·這裏的賣二元六角·俏面特賣七元呢！無後上阿弟處·我打電話給林一鳴·他說他看不明我借給他的「人造人間キカイダー」·我便解給他聽·又打給林百芳·沒有甚麼·最後打給王月琴·也沒有甚麼·契娘做了一些鹹湯糰·她卻又包糖·結果糖溶在湯裏·變得不鹹不甜·的·十分難吃·看了一半「週末首映」·才睡覺·

每日例画
「未來介紹」

◁SF「零号人」
彩色長篇

改編石森章太郎先生SF「人造人間キカイダー」▷

◁超人特選漫画·第一回
「超人」彩色

「Q太郎」笑話　　　　▷

◁神怪笑話「幻嚕」彩色

SF「鐵騎士」　　　▷

◁忍者漫画「變身忍者
嵐」彩色

彩色「幻想世界」　▷

◁「電子人」SF彩色

SF彩色「超人テムレ」▷

1

15-7-74　　　MON　　　　　　　　　　　　　1.

日記
「計劃」　　　　　今天約六時半起床，因要到葵盛返工，沒有昨天
那麼旺，至十一時半吃飯，和阿全行路回家，回家後
和張鳳玲和李兆棵通電話，總括來說，張鳳玲這次大考的成績比我高，而
李兆棵則比我低，下午在家沒事做，至五時，和冰心到蔡老處，沒有買到老虎，
六時三十五分，我便開麗的「蒙面超人片集，這次是第二集，冰心七時去青年中心，
差不多九時才回家，晚上看電視，至十一時許睡覺。我的計劃就是由今天
起，在這暑期內，每天寫日記。

DAILY COMIC
「基格達」（第一部）①

石森章太郎 原作
人造人間 キカイダー

16-7-74　　　TUE　　　　　　　　　　　　　2.

日記
「出糧」　　　　　今天本來是放十一時許，但因為出糧，至十二時許，
我得到三十二元，是四個上午的工資，阿全得二十八
元，回家後我睡覺，沒有看Q太郎，爸爸不用返下午，在家吃飯，晚上看
電視後便睡覺。

17-7-74　　　WED　　　　　　　　　　　　　3.

日記
「迪士尼閣」　　　　　今天放工回家，冰心去醫院割去眼瘡，
至二時許才回來，媽也同去，至四時半，我出九龍，
先乘車到佐敦道碼頭，乘船到灣仔，本想到住於鯉魚涌的迪士尼
閣，去到只有一些許玩具，大失所望，至七時許回來，晚上沒甚麼，今天早
上，在「輝煌」演波得的電視廣告員在葵盛飲茶。

我繪畫的第一張跨頁大畫，取材自《MJ 萬能號》。

www.cosmosbooks.com.hk

書　　名	回到1971：香港小學生日記	
作　　者	盧子英	
撰　　文	黃夏柏　盧子英	
資料搜集	黃夏柏	
責任編輯	林苑鶯	
美術編輯	吳雪雁	
版式設計	Dawn Kwok	
出　　版	天地圖書有限公司	
	香港黃竹坑道46號	
	新興工業大廈11樓（總寫字樓）	
	電話：2528 3671　傳真：2865 2609	
	香港灣仔莊士敦道30號地庫（門市部）	
	電話：2865 0708　傳真：2861 1541	
印　　刷	美雅印刷製本有限公司	
	香港九龍觀塘榮業街6號海濱工業大廈4字樓A室	
	電話：2342 0109　傳真：2790 3614	
發　　行	聯合新零售（香港）有限公司	
	香港新界荃灣德士古道220-248號荃灣工業中心16樓	
	電話：2150 2100　傳真：2407 3062	
出版日期	2024年7月／初版‧香港	